ÉTUDES

sur le

DROIT CELTIQUE

LE SENCHUS MOR

8733-79. — CORBEIL. Typ. de CRÉTÉ

ÉTUDES

SUR LE

DROIT CELTIQUE

LE SENCHUS MOR

PAR

H. D'ARBOIS DE JUBAINVILLE

PARIS

L. LAROSE, LIBRAIRE-ÉDITEUR

22, RUE SOUFFLOT, 22

1881

ÉTUDES

SUR LE

DROIT CELTIQUE

LE SENCHUS MOR

PREMIER MÉMOIRE

DES RAPPORTS INTRINSÈQUES DU SENCHUS MÔR
AVEC LA LITTÉRATURE ÉPIQUE, GRAMMATICALE, HAGIOGRAPHIQUE ET CANONIQUE
DE L'IRLANDE.

Le *Senchus Môr* ou Grand Recueil d'antiquités (*senchus*, « antiquité, » *môr*, « grand »), dont le nom a dû au neuvième siècle se prononcer *Senchas Mâr*, est un traité de jurisprudence irlandaise, écrit en vieil irlandais, mais que la maladresse des copistes a mélangé d'une foule de formes orthographiques moins anciennes. Accompagné d'une traduction, il a fourni la matière des deux premiers volumes et d'une partie du troisième volume des *Ancient laws and institutes of Ireland*, publiés par le gouvernement d'Irlande en 1865, 1869 et 1872.

On a réuni dans cette édition trois éléments fort différents. Le plus ancien des trois est le texte du *Senchus Môr* ; ce qui vient ensuite par ordre de date est l'introduction ; la glose est l'élément le plus récent. De la page 64 du tome Ier à la page 78 du tome III, le texte a fourni tout ce qui dans l'édition officielle est imprimé en gros caractères; dans les manuscrits déjà les scribes avaient distingué le texte par le même procédé. L'introduction, écrite de même en gros caractères dans l'édition comme dans les manuscrits, se trouve au tome Ier, de la page 2 à la page 62. Du commencement du tome Ier à la page 78 du tome III on trouve presque partout la glose mêlée d'abord à l'introduction ensuite au texte. Elle se reconnaît seulement à ce que, dans l'imprimé comme dans les manuscrits, elle est écrite en petits caractères : elle est incomparablement plus développée que les deux autres parties : c'est un document fort important, sans lequel les traducteurs auraient eu certainement grand peine à s'acquitter de leur tâche, mais elle a été rédigée beaucoup plus tard que le texte et l'introduction qu'elle cherche à interpréter; elle les rend quelquefois d'une manière erronée et elle a fait tomber les traducteurs dans plusieurs contresens.

Le manuscrit le plus ancien du *Senchus Môr* date du quatorzième siècle, il est conservé au collège de la Trinité de Dublin sous la cote H. 2. 15. Les éditeurs se sont aussi servis de manuscrits plus récents, tels que le manuscrit Harléien 432 du British Museum, seizième siècle (1). Mais, si nous en croyons l'introduction, le *Senchus Môr* existait déjà avant la mission de saint Patrice, qui paraît être arrivé en Irlande vers l'année 432 de notre ère (2). Il n'était pas écrit alors : « Le *Senchus* des hommes d'Irlande, qui l'a conservé ? L'as- « sociation des mémoires de deux vieillards, la transmission « d'une oreille à l'autre, la récitation des poètes » (3), dit l'introduction au *Senchus Môr*. En effet avant saint Patrice, probablement même avant le huitième siècle, il n'y a pas eu de livres écrits en irlandais (4).

---

(1) Des fac-simile de ces mss. se trouvent en tête du tome II, des *Ancient laws of Ireland*. En collationnant la seconde colonne de la planche 3 avec le texte du tome II, page 284, on voit que les éditeurs ont passé le mot *fine* après *imfoichida*.

(2) Les Bollandistes, Mars, tome II, p. 523, 530.

(3) *Ancient laws of Ireland*, I, 30.

(4) Voir la dissertation des Bollandistes, intitulée : S. *Patricius una cum christiana fide litterarum usum primus in Hiberniam inducit*, Mars, t. II, p. 517, 578. Cf. Ducange, *Glossaire*, au mot *Abgatoria*. Les objections d'O'Donovan, *Annals of the four Masters*, t. I, p. 50, 52, pourraient faire remonter l'introduction de l'écriture en Irlande à la fin du IVe siècle. Il s'agit bien entendu des caractères latins, et ces caractères ne servirent d'abord qu'à écrire des textes latins. La question de savoir de quelle époque date l'écriture ogamique est réservée. Mais l'écriture ogamique n'a jamais été employée autrement que pour graver des inscriptions. Elle n'a jamais servi à fabriquer des livres.

Le *Senchus Mór* dans sa forme traditionnelle ne pouvait se concilier avec l'établissement de la nouvelle religion. L'ancien droit fut révisé par une commission de neuf membres (1), dont saint Patrice faisait partie. Cette commission reconnut au clergé chrétien le droit de recevoir des dons (2) et encouragea même l'offrande des prémices et des dîmes (3), quoique les principes de la législation irlandaise sur la propriété ne reconnussent pas aux particuliers le droit de disposer à titre gratuit. Le texte actuel serait le produit du travail de la commission : ce serait le texte primitif, antérieur à saint Patrice et légèrement modifié par l'influence de cet apôtre de l'Irlande.

La question se pose de savoir si le *Senchus Mór* peut remonter à une date aussi ancienne. Il n'y a pas suivant nous de bonnes raisons pour le contester.

Nous allons examiner les rapports de ce document législatif avec le reste de la littérature irlandaise. Ces rapports peuvent se considérer à deux points de vue : les choses, la forme. La forme c'est-à-dire le côté grammatical sera l'objet d'un second mémoire. Ici nous allons établir en six sections les six points suivants :

1° Le texte du *S nchus Mór* renferme des allusions au cycle épique de la mythologie irlandaise qui a été connu de Nennius dès le milieu du neuvième siècle et qui remonte évidemment bien plus haut;

2° Il se rattache au cycle de Conchobar et de Cùchulainn qui a pour base des événements approximativement contemporains de la date de la naissance de Jésus-Christ;

3° On n'y trouve aucune allusion au cycle de Finn Mac Cumail et d'Oisin qui a pour base des événements du second et du troisième siècle de notre ère;

4° Le texte, l'introduction et même des gloses du *Senchus*

---

(1) Introduction, dans *Ancient laws of Ireland*, t. I, p. 16 ; cf. le texte dans le tome III, p. 30-32.

(2) *Ancient laws of Ireland*, t. III, p. 32 et suivantes.

(3) *Ancient laws of Ireland*, t. III, p. 12, 22, 32, 40, cf. t. I, p. 50. Saint Jérôme, mort en 420, c'est-à-dire douze ans avant la mission de saint Patrice, réclame déjà les dîmes et les prémices. *Ad Nepotianum, de vita cleric. Ad Fabiolam, de veste sacerdotali.*

Mór sont cités dans le *Glossaire* du Cormac qui, suivant la tradition, remonte au commencement du dixième siècle ou à la fin du neuvième et qui en tous cas existait au milieu du douzième siècle, puisqu'une partie de ce Glossaire a été copiée à cette date dans le livre de Leinster qui est le manuscrit H. 2. 18 du collège de la Trinité de Dublin;

5° L'introduction du *Senchus Mór* paraît plus ancienne que la Vie de saint Patrice par Josselin, fin du douzième siècle. La partie du texte qui a subi l'influence chrétienne appartient à la même période hagiographique que la Vie de saint Patrice attribuée à Fiacc, évêque de Sletty, écrite probablement au huitième siècle;

6° Les monuments de droit canonique attribués à saint Patrice supposent quant au mariage l'existence des usages que constatent le texte et la glose du *Senchus Mór*, d'accord avec les débris du cycle de Conchobar et Cúchulainn.

§ 1er. — *Le Senchus Mór et le cycle mythologique d'Irlande.*

Le texte du *Senchus Mór* cite quelques autorités qui vont nous fournir des éléments littéraires d'un certain intérêt. Ces autorités ne sont pas des livres, mais des jugements rendus par cinq personnages dont on a conservé les noms, savoir :

Ailell, fils de Matach (1);

Cai (2);

Morann (3) ;

Sen, fils d'Aige (4);

Sencha, fils d'Ailell (5);

Sencha, fils d'Ailell, est le juge attaché à la personne de Conchobar, roi d'Ulster, c'est une des figures du cycle épique dont Conchobar et le héros Cúchulainn sont les per-

(1) T. I, p. 150 ; cf. p. 152 et la glose, p. 156.
(2) T. I, p. 210, 260 ; cf. la glose aux p. 30, 22, 274.
(3) T. I, p. 102 ; cf. la glose aux p. 18, 22, 24.
(4) T. I, p. 78, 120; cf. la glose aux p. 23, 24, 36, 82, 282.
(5) T. I, p. 126, 150, 250 ; cf. la glose, p. 22, 24, 36, 144, 154, 252.

sonnages principaux. Le nom de Conchobar est même
associé à celui de Sencha dans un passage du *Senchus
Môr* (1). Sen et Morann paraissent appartenir au même
cycle. Cai figure dans le cycle mythologique des dieux et
des migrations de la race irlandaise. Ainsi sur les cinq
juges cités il y en a un dont nous n'osons encore rien af-
firmer, c'est Ailell fils de Matach (2) ; trois se rattachent au
cycle épique de Conchobar et de Cùchulainn, un au cycle
mythologique. On se demandera ce que c'est que le cycle
de Conchobar et de Cùchulainn, ce que c'est que le cycle
mythologique d'Irlande. Nous allons l'expliquer.

Un manuscrit du milieu du douzième siècle, dit *Livre de
Leinster*, qui appartient au collège de la Trinité de Dublin,
contient entre autres documents, une liste de cent quatre-
vingt-sept morceaux littéraires, auxquels il donne la qua-
lification d'histoires de premier ordre (3). Un filé (poète ou
savant) de rang supérieur devait savoir deux cent cinquante
histoires de premier ordre (4). Ainsi la liste qui n'en mentionne que cent quatre-vingt-sept n'est pas complète.

Une partie considérable des compositions dont cette liste
conserve les titres est perdue. Nous avons cependant gardé
assez de débris de cette littérature pour y reconnaître trois
cycles principaux: le cycle mythologique, celui de Conchobar et de Cùchulainn, celui de Finn et d'Oisin. Commen-
çons par le cycle mythologique. A ce cycle appartiennent :

1º Bataille de Magh Tuiread. Il y eut deux batailles de ce
nom. Le récit de la première nous est conservé par le livre
jaune de Lecan, mss. du Trinity College de Dublin, écrit
en 1390. Le récit de la seconde se trouve dans le mss.
Harléien 5280 du Musée britannique, qui a été écrit en
1460. La première se livra en juin entre les Tuatha
de Danann et les Firbolg, c'est-à-dire entre les dieux

<hr>

(1) T. I, p. 250.

(2) Probablement le troisième mari de Medb, femme divorcée de Conchobar. Les deux passages du *Sanchus môr* qui le concernent feraient allusion au *Tain bo Flidais : On the Manners*, t. III, p. 338, voir ici même, p. 16,
nº 7. Matach devrait se lire Magach. La question sera étudiée plus loin.

(3) O'Curry : *Lectures on the manuscript materials*, p. 584-593.

(4) Livre de Leinster, fº 151 ; O'Curry, *Mss. Materials*, p. 581.

du jour et ceux de la nuit; la seconde, le 31 octobre entre les Tuatha dê Danann et les Fomori, c'est-à-dire entre les puissances solaires et celles de l'Océan. Le Glossaire de Cormac, dont un fragment nous a été conservé par un manuscrit du douzième siècle, contient plusieurs articles concernant la légende de cette dernière bataille (1). O'Curry a donné un récit abrégé de ces deux légendes (2).

2° Bataille de Tailtiu, entre les Tuatha dê Danann et les fils de Milé, ancêtre mythique de la race irlandaise. Le manuscrit le plus ancien est conservé au Trinity-College de Dublin et date de 1450. O'Curry en donne une courte analyse (3). L'élément fondamental de cette légende se trouve déjà au neuvième siècle chez Nennius (4), qui savait un des noms de l'ancêtre mythique de la race irlandaise et qui le fait arriver d'Espagne.

3° Massacre de la tour de Conaing. C'est l'événement principal d'une guerre entre la race de Nemed, père des dieux, et les Fomori; Nennius consacre à cette guerre la presque totalité de son paragraphe 13. Il appelle Nimeth le Nemed des manuscrits d'Irlande. Malheureusement, on n'a jusqu'à présent découvert aucun manuscrit de cette légende. Au dix-septième siècle on n'en avait déjà plus que l'analyse conservée dans le traité dit *Leabhar Gabhala*, et le plus ancien manuscrit de ce traité, douzième siècle, a perdu son commencement où notre morceau devait se trouver (5). Mais Eochaid O'Flinn, poète mort en 984, avait composé sur ce sujet une pièce de cinquante-six vers qui nous a été conservée par plusieurs manuscrits dont un du douzième siècle (6).

4° Massacre d'Ailech par le dieu Neid Mac Indai. Il se

(1) Aux mots *Cernine, Nescoil, Riss, Tethra.* Whitley Stokes, *Sanas Chormaic,* p. 37, 123, 144, 157; cf. O'Curry : *On the manners,* t. II, p. 264.

(2) *Mss. Materials,* p. 244-250; cf. O'Donovan, *Annals of the four masters,* t. I, p. 16, 19; O'Curry, *On the manners,* II, p. 235 et suivantes.

(3) *Mss. Materials,* p. 447-448; cf. p. 586; *Atlantis,* t. III, p. 383-390.

(4) Il est prouvé aujourd'hui que l'histoire des Bretons de Nennius a été écrite au milieu du IX° siècle.

(5) O. Donovan, *Annals of the four masters,* t. I, p. 10, 13.

(6) O'Curry, *Lectures on the manners and customs of the ancient Irish,* II. p 109-110, 184, 186.

rattache comme la seconde bataille de Magh Tuiread aux luttes mythiques des Tuatha dê Danann et des Fomori. Le texte est perdu. On en possède un arrangement en cent quarante vers par Flann Mainistrech, mort en 1056. C'est le livre de Leinster, manuscrit du douzième siècle, qui nous les a conservés (1).

5° Vision de la femme de Nemed. Nemed est encore l'ancêtre des dieux, le Nimeth que Nennius mentionne parmi les habitants primitifs de l'Irlande. La vision de sa femme paraît être aujourd'hui perdue.

6° Migration de Partholan en Irlande. Partholan est connu de Nennius au neuvième siècle et de Giraldus Cambrensis au douzième. Nous avons sur lui 224 vers d'Eochaid O'Flinn, mort en 984. Ils se trouvent dans deux manuscrits de l'Académie royale d'Irlande : le livre de Ballymote, fin du quatorzième siècle, et le livre de Lecan, 1416 (2). Le même Eochaid a consacré à Partholan une partie d'un poème en 104 vers dont on a une copie du douzième siècle, dans le livre de Leinster (3). Un récit abrégé des événements légendaires dont il s'agit dans ces documents se lit dans les *Annales des quatre maîtres* sous les années du monde 2520 2820 (4). Il est fait une allusion évidente aux mêmes fables dans le Glossaire de Cormac au mot *Tamlachta*, terme consacré pour désigner le désastre où la race de Partholan aurait péri tout entière. Après ce désastre, l'Irlande resta, dit-on, inhabitée pendant trente ans.

7° Migration de Nemed en Irlande. Nous avons déjà dit que Nemed est connu de Nennius. Giraldus Cambrensis parle aussi de lui. Le texte primitif de la légende est perdu. Le livre de Leinster, douzième siècle, en conserve un résumé en 196 vers par Eochaid O'Flinn mort en 984 (5). Voir aussi les *Annales des quatre maîtres* (6).

8° Migration des Fir-Bolgs ou dieux de la nuit. C'est une

(1) *On the manners*, II, 151-154.
(2) *On the manners*, II, 108, 109 ; Hennessy, *Chronicon Scotorum*, p. 8.
(3) *On the manners*, II, 109.
(4) Edition d'O'Donovan, t. I, p. 4-9 ; cf. *On the manners*, II, 174, 232.
(5) *On the manners*, II, 210 ; cf. *Mss. Materials*, p. 171, 226.
(6) Édit. O'Donovan, t. I, p. 8-13. Ans du monde, 2850-3066 ; cf. *On manners*, II, 233.

introduction (1) et peut-être aussi une suite (2) à la première bataille de Magh-Tuiread qui forme la première partie de notre numéro 1.

9° Migration des Tuatha dê Danann ou dieux du jour. C'est encore une introduction à la première bataille de Magh-Tuiread. Cette migration a été chantée au dixième siècle par Eochaid O'Flinn en 72 vers conservés dans plusieurs manuscrits, notamment dans le livre de Leinster, douzième siècle (3). Mais le récit original paraît ne plus exister.

10° Migration de Milé fils de Bîlé en Espagne. Milé suivant la tradition est le père de la race irlandaise (4). L'analyse de ce document a été conservée par le *Leabhar Gabhala*, ou Livre des invasions (5).

11° Migration des fils de Milé d'Espagne en Irlande. Le texte est perdu. O'Curry a donné plusieurs fois le résumé de cette légende d'après le Livre des invasions et d'après un poème en 82 vers d'Eochaid O'Flinn mort en 984, conservé par les livres de Ballymote et de Lecan (6). Au neuvième siècle Nennius connaissait déjà et ce récit mystique et celui qui précède. Au § 15 de son livre il raconte comment les Scots, c'est-à-dire les Irlandais, originaires de Scythie, partirent d'Égypte, gagnèrent l'Espagne et de là atteignirent l'Irlande. Aux § 13 et 14 il fait venir d'Espagne en Irlande Clam Hoctor dont les descendants, dit-il, habitent encore l'Irlande ; Clam est une corruption de Galam ou Golam, un des noms de Milé ou Miled, ancêtre mythique de

(1) *On the manners*, II, 187.
(2) *On the manners*, II, 122.
(3) *On the manners*, II, 110, 111 ; cf. t. III, p. 231-232.
(4) Quatrain 27 du poème sur la foire de Carman (dont la plus ancienne copie est dans le livre de Leinster), xiiᵉ siècle, publié d'après le livre de Ballymote, fin du xivᵉ siècle, chez O'Curry, *On the manners*, III, 537.
(5) Voir le résumé de ce qui concerne cette légende chez O'Curry, *Mss. Materials*, p. 447; *On the manners*, t. II, p. 20, 188. Hennessy, *Chr. Scotorum*, p. 10. Un poème sur ce sujet est attribué à Cennfaeledh, mort en 678 : *On the manners*, II, 94. Une analyse de cette légende se trouve dans la glose de l'introduction du *Senchus Môr*, p. 20. Chose curieuse ! pour désigner les magiciens de Pharaon, cette analyse se sert des mots *do nna druidhe Egeptacha*. Elle paraît les emprunter au texte original de la légende d'où ils ont aussi pénétré, au ixᵉ siècle, dans le saint Paul de Wurzbourg. Cf. *Grammatica celtica*, 2ᵉ édition, p. 259, 1058.
(6) O'Curry, *Mss. Materials*, p. 171, 447-450. *On the manners*, t. II, p. 20, 31, III, 112, 188-190, 240, 241. Cf. Hennessy, *Chr. Scotorum*, p. 12.

la race irlandaise. Ainsi Milé suivant Nennius serait arrivé lui-même en Irlande, tandis que, suivant les récits irlandais, ce seraient seulement ses fils : lui n'aurait pas dépassé l'Espagne. Cette variante à peu d'importance ici.

12° Migration des Pictes, de Thrace en Irlande et d'Irlande en Alba ; document perdu dont O'Curry donne une analyse d'après le Livre des invasions (1) : les Pictes suivant cette légende étaient originaires de Scythie d'où ils vinrent en Irlande, puis de là gagnèrent l'Écosse. On trouve déjà ce récit chez Bède au commencement du huitième siècle (2), et Nennius au siècle suivant paraît l'avoir connu (3).

Le *Senchus Môr* se rattache clairement à ce cycle mythologique par deux citations qu'il nous donne du document intitulé *Brath-Chai* ou jugement (4) de Cai ; tous deux concernent la saisie, et l'un est spécialement relatif aux délais, que cette procédure comportait (5). Or, Cai était le juge attaché à la race de Milé pendant son séjour en Égypte et pendant son expédition d'Égypte en Espagne. Le *Livre des invasions* (6), le *Glossaire* de Cormac (7), la glose de la préface du *Senchus Môr* (8) sont d'accord sur ce point. A quelle date remonte l'invention du personnage de Cai? Nous ne pouvons le déterminer rigoureusement ; il y a cependant lieu d'admettre qu'elle remonte très haut. Il est clair que la légende des migrations de la race de Milé n'a pu comprendre des indications géographiques comme le nom de l'Égypte et de la Scythie avant l'époque où, avec le christianisme, les généalogies bibliques et les doctrines historiques de saint Jérôme ont pénétré en Irlande. Mais en

(1) *Mss. Materials*, p. 450.

(2) *Historia ecclesiastica*, l. I. c. I, chez Migne, *Patrologia latina*, t. 95, col. 26.

(3) Histoire des Bretons, § 12 ; cf. Glose de l'introduction du *Senchus Môr*, p. 20.

(4) Le mot *bráth* est souvent employé pour gloser le latin *judicium* dans le saint Paul de Wurzbourg, IXe siècle, *Grammatica celtica*, 2e édition, p. 11 ; cf. p. 238.

(5) T. I, p. 210, 260 ; une autre citation du *Brath-Chai*, se trouve dans le *Glossaire* de Cormac, v° *Clithar-set*, Whitley Stokes, *Sanas Chormaic*, p. 29.

(6) *On the manners*, t. II, p. 20.

(7) Au mot *Brathchaei*, Whitley Stokes, *Sanas Chormaic*. p. 22.

(8) T. I, p. 20.

général, les études mythologiques nous apprennent que les notions géographiques contenues dans les légendes mythiques en sont la partie la plus variable et la moins ancienne, témoin, par exemple, les termes géographiques dont les Grecs ont rempli la légende du vieux dieu indo-européen *Dyaus*, leur *Zeus* et le Jupiter des Romains. Les migrations antéhistoriques sont un des éléments fondamentaux de la mythologie irlandaise, cette mythologie est antérieure au christianisme et à l'introduction des termes géographiques que nous montre sa forme actuelle. Parmi ces migrations, il y en avait où l'on prétendait reconnaître l'histoire la plus ancienne de la race irlandaise ; ce sont la migration de Milé et la migration de ses fils, or elles nous présentent naturellement chacune la race irlandaise organisée comme aux époques historiques ; il devait y avoir, et il y a un juge dans chacun de ces documents, ce juge est Cai dans le premier, Amergin dans le second (1) ; et nécessairement ces personnages remontent à la plus ancienne rédaction irlandaise des légendes dont il s'agit, c'est-à-dire à une date antérieure au christianisme et à l'introduction des noms de Scythie, d'Égypte, etc., dans le récit des migrations primitives de la race irlandaise ; Cai et Amergin ont été créés par l'imagination des poètes à l'époque où la puissance des juges d'Irlande a commencé à être un des éléments principaux de la constitution du pays, et c'est alors que ces deux personnages fantastiques ont pris place dans les récits qui racontaient comment du pays des morts la race irlandaise était venue habiter l'île qu'elle occupe à l'occident de l'Europe, car c'était du pays des morts qu'étaient issus les hommes. Les druides l'enseignaient : *Galli se omnes ab Dite patre prognatos putant idque ab druidibus proditum dicunt* (2), et un hymne grec attribué à Homère exprimait déjà presque la même doctrine :

Τιτῆνές τε θεοὶ, τοὶ ὑπὸ χθονὶ ναιετάοντες
Τάρταρον αμφὶ μέγαν, τῶν ἐξ ἄνδρες τε θεοί τε (3).

---

(1) Sur le jugement rendu par Amergin, voir O'Curry, *On the manners*, t. II, 186, qui analyse le *Livre des invasions*. Comparez la glose de l'intro duction du *Senchus Mor*, p. 18, 20.

(2) César, *De bello gallico*, VI, 18.

(3) *In Apollinem*, v. 335-336.

Si nous admettons l'exactitude d'un renseignement contenu dans la glose du *Senchus Môr*, le nom de Cai n'est pas le seul point d'attache du *Senchus Môr* au cycle mythologique, et il s'y trouverait aussi un renvoi à la légende de Partholan. Suivant le texte du *Senchus Môr*, le premier duel qui eut lieu en Irlande fut occasionné par une contestation relative au droit des femmes (1). Or, nous dit la glose, ces femmes sont des filles de Partholan, et les combattants leurs maris, qui étaient en même temps leurs frères, et tous deux fils de Partholan (2). Partholan est un personnage étrange qui précède en Irlande la race des dieux et dont la postérité a péri tout entière sans laisser de descendants ; au milieu du neuvième siècle, Nennius le connaissait déjà. Il est évidemment plus ancien et fait partie des conceptions fabuleuses qui ont précédé le christianisme en Irlande.

§ 2. *Le* SENCHUS MÔR *et le cycle de Conchobar et Cûchulainn.*

Le cycle de Conchobar et de Cûchulainn paraît avoir pour base des faits historiques accomplis vers l'époque de la naissance de Jésus-Christ. Dans la liste des morceaux épiques conservée par le livre de Leinster, douzième siècle, il y en a trente cinq au moins qui appartiennent au cycle de Conchobar et Cûchulainn. Voici leurs titres :

1° Destruction de la maison de Nechtan : perdu ;

2° Destruction du palais de Dâ Derga : conservé par le manuscrit de l'Académie royale d'Irlande dit *Leabhar nah Uidre*, qui a été écrit vers 1100 (3) ;

3° Destruction du palais de Dâ Choga : conservé par le manuscrit H. 3. 18 du collège de la Trinité de Dublin, commencement du seizième siècle (4) ;

4° Enlèvement du taureau de Cuailgné : conservé par le

(1) I, p. 150.
(2) I, p. 154.
(3) P. 83 et suivantes, cf. O'Curry, *Mss. Materials*, p. 258-260 ; *On the manners*, t. III, p. 136 ; Whitley Stokes, *Sanas Chormaic*, p. 163.
(4) Voir O'Curry, *Mss. Materials*, p. 260 ; *On the manners*, III, 146-151. Cf. Whitley Stokes, *Sanas Chormaic*, p. 152.

Leabhar nah Uidre écrit vers 1100 et par le livre de Leinster, milieu du douzième siècle (1) ;

5° Enlèvement des trois vaches d'Echaid : conservé au British Museum dans le manuscrit Egerton 88, qui date de la fin du seizième siècle ;

6 Enlèvement des vaches de Regaman : perdu ;

7° Enlèvement des vaches de Flidas : conservé par le livre de Leinster, douzième siècle ;

8° Enlèvement des vaches de Fraech : conservé par le livre de Leinster ;

9° Enlèvement des vaches de Dairt : conservé par le livre de Leinster ;

10° Demande en mariage de Medb, femme de Conchobar, puis d'Ailell, et reine de Connaught : perdu ;

11° Demande en mariage d'Emer par Cúchulainn : conservé par le manuscrit Harléien 5280 du British Museum (2) ;

12° Demande en mariage d'Etain, femme du roi suprême d'Irlande Eochaidh Airemh et du dieu Mider : conservé par le *Leabhar nah Uidre*, 1100, et par le livre jaune de Lecan, manuscrit du collège de la Trinité de Dublin, écrit à la fin du quatorzième siècle (3) ;

13° Demande en mariage de Ferb par Maine, fils du roi Ailell et de la reine Medb : un fragment en est conservé par le livre de Leinster ;

14° Demande en mariage de la femme de Crunn : conservé par le manuscrit Harléien 5280 ;

15° Caverne d'Ainged : conservé par le livre jaune de Lecan, fin du quatorzième siècle (4) ;

16° Caverne de la route de Cúglas, grand veneur du roi suprême d'Irlande Conaire môr (5) ;

17° Mort tragique de Cûroi Mac Dairé, tué par Cúchulainn :

<hr>

(1) Fac-simile du *Leabhar nah Uidhri*, p. xvi, 55 ; cf. O'Curry, *Mss. Materials*, p. 32-41 ; *On the manners*, III, 403.

(2) Voir O'Curry, *Mss. Materials*, p. 278, 282.

(3) Fac-simile du *Leabhar nah Uidhri*, p. xxiv, 129 ; cf. O'Curry, *On the manners*, t. II, p. 192-194, t. III, p. 162, 188, 190. Ce document sera publié prochainement par M. Windisch.

(4) Voir O'Curry, *On the manners*, t. III, p. 199-201.

(5) Voir O'Curry, *Mss. Materials*, p. 283, 586-587.

conservé par le manuscrit Egerton 88 du Musée britannique
fin du seizième siècle (1) ;

18° Mort tragique de Cùchulainn : conservé par le livre de
Leinster, douzième siècle (2);

19° Mort tragique de Ferdiad tué par Cùchulainn : conservé par le livre de Leinster (3) ;

20° Mort tragique de Conall : conservé par le manuscrit
H. 2. 17. du collège de la Trinité de Dublin ;

21° Mort tragique de Conchobar : conservé par le livre de
Leinster (4) et par le manuscrit H. 3. 17, du collège de la
Trinité de Dublin (5) ;

22° Mort tragique de Fergus (6) : perdu ;

23° Le siège de Falga par Cùchulainn : une analyse en a
été conservée par le manuscrit du British Muséum coté Harléien, 5280 ;

24° Le siège d'Edair : conservé par le livre de Leinster (7).

25° Les aventures de Cùroi Mac Dairé : perdu ;

26° Les aventures de Cùchulainn : perdu ;

27° Les aventures de Conall Cearnach : perdu;

28° Les aventures de Conchobar : perdu ;

29° Les aventures de Crimthann Nia Nair, roi suprême
d'Irlande : perdu ;

30° L'enlèvement de Derdriu par les fils d'Usnech : conservé par le livre de Leinster (8) ;

31° L'enlèvement de Blathnait, par Cùchulainn : perdu ;

32° Le massacre de Belchu par Conall Ceanarch : perdu ;

33° Le massacre des fils de Magach : perdu ;

(1) Sur ce fait épique voir aussi chez O'Curry, *On the manners*, II, 97,
l'analyse d'un poème de Flanagan qui serait mort en 877.

(2) M. Whitley Stokes a résumé ce document en en donnant quelques
extraits, *Revue celtique*, III, 176-175.

(3) Publié par M. Sullivan, dans le troisième volume d'O'Curry, *On the
manners*, III, 414-463.

(4) O'Curry, *Mss. Materials*, p. 637-642.

(5) O'Curry, *Mss. Materials*, p. 274.

(6) Un des personnages de l'enlèvement du taureau de Cuailgné, pièce
déjà mentionnée, n° 4.

(7) O'Curry. *Mss. Materials*, p. 266-270.

(8) Publiée par O'Flanagan, *Transactions of the gaelic Society*, t. I (1808),
et par O'Curry, *Atlantis*, t. III (1860). Une nouvelle édition sera prochainement publiée par M. Windisch.

34. Le massacre de Sidh Nennta : perdu (1) ;

35° Le massacre de Cathair Bôirché conservé par le mss.
de l'académie royale d'Irlande coté H. et S. n° 205 (2).

Le juge Sencha, fils d'Ailell, trois fois cité dans le *Senchus
Môr*, appartient à ce cycle. Il est un des personnages des
compositions épiques qui portent : le n° 2 : Destruction du
palais de Dâ Derga (3) ; le n° 4 : Enlèvement du taureau de
Cuailgné (4) et le n° 30 : Enlèvement de Derdriu (5).

Dans la *Destruction du palais de Dâ Derga*, le beau Sencha,
fils d'Ailell, fait partie d'une troupe de guerriers remarquables
à la fois par leur force et par leurs armes. Le passage où les
mérites de cette troupe sont vantés a été reproduit d'après
le *Leabhar nah Uidre*, manuscrit des environs de l'année
1100 par O'Curry dans ses *Leçons sur les coutumes des anciens
Irlandais*.

Dans l'*Enlèvement du taureau de Cuailgné*, un émissaire de
Medb, reine de Connaugh, va observer l'armée d'Ulster
qui marche contre elle ; de retour il décrit cette armée : un
des guerriers qu'il a vus est Sencha dont la voix mélodieuse
et l'éloquence ont un charme qui surpasse celui des sons de
la harpe triangulaire aux mains des musiciens de profession.
Voilà ce qu'on lit dans le livre de Leinster, manuscrit du
douzième siècle.

L'*enlèvement de Derdriu*, autrement dit l'*Exil des fils
d'Usnech*, commence par le récit d'une fête chez Feidlimid,
conteur d'histoires à la cour de Conchobar, roi d'Ulster ; outre Feidlimid, sa femme et le roi, ce récit ne nomme que
deux personnages, Cathbad, druide du roi Conchobar, et le
beau Sencha, fils d'Ailell. O'Curry a publié ce document
d'après un manuscrit de la fin du quatorzième siècle. Mais
il se trouve déjà dans le livre de Leinster d'après lequel
M. Windisch doit le rééditer.

Ce ne sont point là les seuls monuments du cycle de Conchobar et Cúchulainn où l'on rencontre Sencha. Il figure

(1) O'Curry, *Mss. Materials*, p. 286, 591.
(2) O Curry *Ms. Materials*, p. 261-262.
(3) *Leabhar nah Uidri*, cité par O'Curry, *On the manners*, III, 148.
(4) Livre de Leinster, cité par O'Curry. *On the manners*, III, 92-93.
(5) *Atlantis*, t. III, 1862, p. 398.

encore dans deux autres morceaux qui appartiennent au même cycle sans avoir été compris dans la liste conservée par le livre de Leinster ; ce sont la *Maladie de Cûchulainn* et la *Fête de Bricrind*.

La *Maladie de Cûchulainn* a été publiée par O'Curry (1), d'après le *Leabhar nah Uidre*, manuscrit de l'Académie royale d'Irlande qui date de l'année 1100 ou environ, et le scribe qui a écrit ce manuscrit déclare avoir lui-même copié ce document sur un autre manuscrit, le livre jaune de Slane. Le récit débute par des détails sur la célébration de la fête de Samhain, ou de la fin de l'été, du 29 octobre au 3 novembre. Les habitants d'Ulster se réunissent dans la plaine de Murtheimné, et, pour commencer les plaisirs de la journée, Sencha propose à Cûchulainn une partie d'échecs (2).

La *Fête de Bricrind* nous a été conservée par le même manuscrit. Bricrind était le poète satirique de la cour de Conchobar. Il donna une fête où il invita le roi, tous les guerriers qui lui faisaient cortège et les femmes de ces guerriers. Le but qu'il se proposait était de provoquer des querelles; il y arriva sans peine malgré les efforts de Sencha, qui dans ce morceau joue le rôle de pacificateur (3).

Nous arrivons aux passages où, dans le texte du *Senchus Môr*, il est question de Sencha. Le principal est relatif à l'établissement d'un délai de cinq jours dans la procédure de la saisie. Un jour, dit le *Senchus Môr*, un duel devait avoir lieu à Magh-Inis. Notons que Magh-Inis est situé en Ulster, c'est-à-dire dans les états du roi Conchobar (4). Les deux combattants étaient sur le point de saisir leurs armes, ils n'attendaient qu'un témoin. Une femme se présente : « Prenez un délai, » leur dit-elle; « si mon mari était ici, il « saurait bien vous y contraindre. » — « Je ne demande pas « mieux, » dit l'un, « mais cela pourrait porter préjudice à « mon adversaire : la solution de son procès serait retardée. » « — J'accepte le délai, » répondit l'autre. Le duel fut ren-

(1) *Atlantis*, t. I, 1858, p. 370-392 ; t. II, 1859, p. 98-124.
(2) *Atlantis*, t. I, p. 372.
(3) Voir l'analyse d'O'Curry, *On the manners*, t. III, p. 17-21.
(4) Dans le comté de Down.

voyé à une date indéterminée. Il fallait fixer cette date. Conchobar et Sencha jugèrent la question (1). « Comment t'appelles-tu, ô femme! dit Sencha. » — « Je m'appelle *Cuicthé* » répondit-elle (Cuicthé veut dire espace de cinq jours). — « Eh bien, » dit Sencha, « le délai sera de cinq « jours, comme le nom de la femme ». Mais, ajoute le texte, le vrai nom de cette femme était Brigh (2).

Les deux autres passages du *Senchus Môr* où le nom de Sencha paraît concernent les délais de la procédure de la saisie dans le cas où il s'agit des droits des femmes. Sencha, fils d'Ailell, décida que ce délai serait de deux jours, et les habitants d'Ulster se soumirent à sa décision (3). L'un des deux textes où ce jugement est mentionné donne à Sencha pour assesseur en cette circonstance une femme, Brigh Briughaidh (4), probablement la même que celle dont il est question dans le récit du jugement relatif au délai de cinq jours (5).

Le nom de Sencha, fils d'Ailell (6), établit donc une sorte de trait d'union entre le *Senchus Môr* et le cycle de Conchobar et Cûchulainn. Remarquons encore que le sujet de ce cycle est une guerre entre l'Ulster, royaume de Conchobar, et le reste de l'Irlande soulevée par Medb, reine de Connaught. Or, le *Senchus Môr* débute par le récit d'un procès où l'une des parties appartient au royaume d'Ulster, l'autre au royaume de Meath dont la capitale, Tara, était le chef-

(1) Nous avons déjà dit que Conchobar était roi d'Ulster. Sur la participation des rois aux jugements, voir un curieux passage de la glose : *Ancient laws of Ireland*, t. I, p. 18-19. La légende à laquelle ce passage se réfère a été analysée par O'Curry, *On the manners*, t. III, p. 315-316; cf. *Mss. Materials*, p. 45, 383.

(2) *Ancient laws of Ireland*, t. II, p. 250.

(3) *Ancient laws of Ireland*, I, 126, 150.

(4) I, 150.

(5) Un autre jugement de Brigh Briughaidh, est cité, t. I, p. 144. On n'a guère de renseignements précis sur elle. Voir cependant une note de Sullivan, chez O'Curry, *On the manners*, t. I, p. 171. La glose du *Senchus Môr* t. I, p. 154, 252, distingue trois Brigh : la première mère, de Sencha ; la seconde, femme de Sencha ; la trosième sa fille. Celle-ci aurait été femme de Cûchulainn. Brigh Briughaidh serait la première.

(6) Son grand-père s'appelait Culclain. C'est le texte du *Senchus Môr* qui nous l'apprend, I, p. 150 : *Sencha mac Ailella mic Culclain* (*Sencha filius Ailellis filii Culclani*). La glose, t. I, p. 22, dédouble Sencha et fait de lui deux personnages : *Sencha mac Ailella* et *Sencha mac Culclain*.

lieu de toute l'Irlande. En effet, c'est à Ferta sur la Boyne, aujourd'hui Slane, dans le comté de Meath, que le saisissaut emmène les objets saisis. La partie adverse est Coirpré Gnâthchoir dont la glose fait un roi d'Ulster et qui a pour prédécesseur Fergus Ferglet, identifié par la glose à Fergus Mac Leti, roi d'Ulster. Le nom de Fergus Fergletech est associé par le texte avec le terme géographique Loch-Rudraidhe. Or, Loch-Rudraidhe est dans le comté de Down, c'est-à-dire dans la partie septentrionale de l'Ulster, et Fergus Mac Leti fut précisément roi de cette partie de l'Ulster (1). Mais peu importe que Fergletech et Fergus Mac Leti soient ou ne soient pas le même personnage. Les termes géographiques sont décisifs. Le premier procès dont parle le *Senchus Môr* se rapporte à la rivalité du royaume d'Ulster avec les habitants de la province où était située la capitale de l'Irlande, et par conséquent rentre dans le même ordre d'idées que le cycle de Conchobar et de Cùchulainn. La glose a prétendu identifier Conn Cedchorach, ancêtre de la partie qui saisit, avec Conn Cedchatach, ou Aux-cent-batailles. Conn Cedchatach est un roi suprême d'Irlande au second siècle après Jésus-Christ ; cela nous éloignerait de la période chronologique à laquelle appartiennent Conchobar et Cùchulainn. Mais il y a là une confusion évidente.

Cedchorach veut dire « qui a fait le premier contrat. » Le Conn du *Senchus Môr* est celui qui a fait le premier contrat mentionné dans ce monument de jurisprudence ; il n'a aucun rapport avec le Conn Cedchatach ou « Aux-cent-batailles » du second siècle de notre ère.

Fergus Mac Leti, identique suivant la glose à Fergus Fergletech, est un des prédécesseurs de Conchobar ; Sen Mac Aige qui juge le procès dont nous parlons (2) est son contemporain, si nous en croyons la glose.

Morann paraît appartenir au même cycle. C'est lui qui dans le *Senchus Môr* fixe l'indemnité due au créancier sai-

(1) Une analyse de la pièce irlandaise qui raconte les aventures de Fergus Mac Leti a été donnée par O'Curry, *Mss. Materials*, p. 261-262. Voir sur ce prince une note d'O'Donovan, *Annals of the four masters*, t. I, p. 87-88.

(2) *Ancient laws of Ireland*, I, 75.

sissant par le débiteur saisi qui ne paie pas dans les délais légaux (1). Morann est une des cautions que Medb, reine de Connaught, femme divorcée de Conchobar, offre à Ferdiad, quand, l'envoyant combattre Cûchulainn, elle lui promet des récompenses (2). Dans le cas où, comme les glossateurs paraissent l'avoir cru, le Morann du *Senchus Môr* serait celui qui remplit les fonctions de grand juge d'Irlande, sous Feradach, 14-36 après Jésus-Christ (3), ce ne serait pas encore une raison pour séparer le *Senchus Môr* du cycle de Conchobar et Cûchulainn, puisque Conchobar et Cûchulainn paraissent avoir été comme Feradach contemporains de Jésus-Christ.

§ 3. *Le* Senchus Môr *et le cycle de Finn et Oisin.*

Le *Senchus Môr* n'a aucune relation avec le troisième cycle épique d'Irlande qui est celui de Finn, mort l'an 283 de Jésus-Christ (4) et d'Oisin son fils, l'Ossian de Mac-Pherson. Finn et Oisin commandaient la milice nationale dite *Fian* ou *Fianna* (5).

Dans la liste des compositions épiques d'Irlande donnée par le livre de Leinster au milieu du douzième siècle, il y a quelques pièces qui appartiennent au cycle de Finn et d'Oisin. Telles sont :

1° La demande en mariage d'Ailbé ; Ailbé était fille de Cormac Mac Airt. Cormac Mac Airt était petit-fils de Conn Aux-cent-batailles. Il fut monarque suprême d'Irlande de l'an 227 à l'an 266 de Jésus-Christ. Le prétendant à la main de sa fille était Finn Mac Cumhail, c'est-à-dire, le célèbre

(1) *Ancient laws of Ireland*, I, 102.
(2) Combat de Ferdiad, dans O'Curry, *On the manners*, t. III, p. 419.
(3) *Ancient laws of Ireland*, I, p. 19, 22, 24. *Annales des quatre maîtres*, édition d'O'Donovan, t. I, p. 96. *Glossaire* de Cormac, v° *Sin*, chez Whitley Stokes, *Three irish glossaries*, p. 41 ; cf. *Sanas Chormaic*, p. 108.
(4) *Annals of the four Masters*, édition d'O'Donovan, t. I, p. 118-121.
(5) Sur cette milice voir les documents réunis par O'Curry, *On the manners*, t. II, p. 376-391. La bataille de Gabra où cette milice aurait presque entièrement péri, date de 284. *Annals of the four Masters*, I, 120-121. Le *Glossaire* de Cormac aux mots *Orc treith* et *Ringcne* donne aussi quelques renseignements sur Finn. Voir la traduction de M. Whitley Stokes, p. 129-131, 142.

Finn. Un résumé de ce récit se trouve dans le manuscrit
H. 3. 17 du collège de la Trinité de Dublin, quatorzième
ou quinzième siècle (1);

2° Bataille de Magh Mucruimhé où fut tué Art, fils de
Conn Aux-cent-batailles et père de Cormac Mac Airt (2). Elle
fut livrée l'an 195 de Jésus-Christ (3) ;

3° Caverne de Benn Etair. Ce fut là que se réfugia
Diarmait après avoir enlevé à Finn Mac Cumail Grainné
sa fiancée, fille du monarque Cormac Mac Airt. On trouve
une copie de cette histoire au British Museum dans le manuscrit Harléien 5280 (4) ;

4° Le siège de Drom Damgairé par Cormac Mac Airt.
Le texte de ce document nous a été conservé par le livre de
Lismore, manuscrit du quinzième siècle (5);

5° La mort tragique de Tadhg, fils de Cian : perdu (6).
Tadhg, contemporain de Cormac Mac Airt, assista à une
bataille qui aurait été livrée l'an 226 de Jésus-Christ (7) ;

6° Les aventures de Finn dans la caverne de Deircfearna :
perdu (8);

7° La vision de Conn autrement dit *Bailé an Scail*. Ce
document est conservé dans le manuscrit du Musée Britannique, Egerton, 88, de l'année 1590 (9) ;

8° Migration de Tadhg, fils de Cian, de Cassel en Meath (10).

Le *Senchus Môr* ne fait aucune allusion à ces personnages.
C'est à tort qu'un glossateur a identifié à Conn Aux-cent-
batailles *Conn Cedcorach*, Conn Au-premier-contrat, auteur
de la première convention dont parle le texte du *Senchus*

(1) O'Curry, *Mss. Materials*, p. 585.
(2) O'Curry, *Mss. Materials*, p. 43, 586.
(3) *Annals of the four masters*, I, 108-109.
(4) O'Curry, *Mss. Materials*, p. 288, 587.
(5) O'Curry, *Mss. Materials*, p. 198, 200, 271, 589.
(6) O'Curry, *Mss. Materials*, p. 588; cf. p. 147, 209, 318, 593.
(7) *Annals of the four masters*, I, 110.
(8) O'Curry, *Mss. Materials*, p. 589.
(9) Analyse par O'Curry, *Mss. Materials*, p. 386-389. On en trouve des
extraits textuels dans le même ouvrage, p. 616-622, où une traduction les
accompagne.
(10) Ce récit est compris dans celui de la bataille de Crinna donné par le
livre de Lismore, mss. du xv° siècle, O'Curry, *Mss. Materials*, p. 200, 593.
Sur la bataille de Crinna, an 226 de J.-C., voir *Annals of the four masters*,
I, 110-111.

Môr. De ce que le mot *fian* se rencontre une fois dans ce traité, il n'y a rien à conclure. Sans doute *fian* est le nom de la milice commandée par Finn Mac Cumail. Mais ce terme appartient aussi à la langue du cycle de Conchobar et de Cûchulainn (1).

§ 4. *Le* SENCHUS MÔR *et le Glossaire de Cormac.*

Nous allons commencer par expliquer ce que c'est que le *Glossaire* de Cormac. Quand au cinquième siècle saint Patrice arriva en Irlande, on n'y écrivait pas de livres. La seule écriture connue, l'écriture ogamique, n'était en usage que pour la gravure sur pierre, sur bois ou sur métal (2). C'est vers la fin du sixième siècle que nous trouvons la première mention d'un ouvrage écrit en irlandais (3). Encore cette mention peut-elle bien n'être que légendaire. C'est vers le huitième siècle qu'ont été consignées par écrit pour la première fois les légendes traditionnelles de l'Irlande. Au neuvième siècle on profita des blancs qui restaient entre les lignes des manuscrits pour expliquer par des gloses les mots hors d'usage dont fourmillaient ces vieux récits. Cormac Mac Cuilennân, évêque qui fut tué dans une bataille en 903, eut l'idée de faire un choix de ces gloses. Il les divisa en dix-sept chapitres ayant chacun pour titre une lettre de l'alphabet, et il réunit dans chacun de ces chapitres les mots commençant par la lettre qui lui fournissait le titre du chapitre.

Le plus ancien manuscrit complet du *Glossaire* de Cormac

______

(1) *Ancient laws of Ireland*, t. I, p. 202. La traduction rend ce mot par *hunters*, du chasseur, ce qui à mon avis est un contresens. Dans *Seirglige Chonculainn* (maladie de Cûchulainn), *Atlantis*, I, 390-391, ce mot est traduit par *of warriors*, des guerriers, ce qui vaut mieux.

(2) L'ogam appartient au cycle de Conchobar et de Cûchulainn comme à celui de Finn et Oisin. Voir les passages 1° de *l'Enlèvement du taureau de Cuailgné* cité chez O'Curry, *Mss. Materials*, p. 41, 464 et *On the manners*, I, p. 341; 2° de 'a *Demande en mariage* d'Etain, cité par le même, *On the manners*, II, p. 193; 3° de *l'Exil des fils de Duil Dermait*, cité par le même, *Mss. Materials*, p. 468-469.

(3) Le *Cuilmenn*, O'Curry, *Mss. Materials*, p. 8. Le titre même du Psautier de Tara, et le contenu du *Droma snechta* (*ibid.*, p. 9 et 13) établissent que ces documents sont postérieurs à l'établissement du christianisme. Il n'y a rien d'historique à tirer des légendes qui contredisent un fait aussi évident.

est de l'année 1400, il appartient à l'Académie royale d'Irlande et fait partie du recueil coté H. et S. 3. 67. Il a été publié par M. Whitley Stokes dans ses *Three irish Glossaries* (1), p. 1-44. Le second manuscrit, largement interpolé, est du milieu du seizième siècle. Il se trouve à la bibliothèque du collège de la Trinité de Dublin où il fait partie du recueil dit Livre jaune de Lecan, qui est coté H. 2. 16. Il a fourni à M. Whitley Stokes les *additional articles* imprimés à la suite de chaque lettre dans la traduction du *Glossaire* de Cormac publiée par lui en 1868 (2).

Viennent ensuite deux manuscrits incomplets; l'un, de 1453, est conservé à la bibliothèque Bodléienne d'Oxford, l'autre, du milieu du douzième siècle environ, fait partie du livre Leinster, qui appartient au collège de la Trinité de Dublin. Le premier commence avant la fin de la lettre н et se termine au milieu de la lettre т; le second contient la fin de la lettre т et la lettre ʊ. Celui-ci datant du milieu du douzième siècle, il est paléographiquement établi que le *Glossaire* de Cormac existait au moins dès le milieu du douzième siècle. Naturellement les *additional articles* restent en dehors de notre sujet : c'est une interpolation.

Les gloses réunies dans le *Glossaire* de Cormac, et accompagnées quelquefois de commentaires plus ou moins développés, ont été extraites d'un grand nombre d'ouvrages déjà glosés à l'époque où a été composé le *Glossaire*. Certains de ces ouvrages appartiennent au cycle mythologique : ainsi l'article *Tamlachta* paraît tiré de la *Migration de Partholan*, les articles *Cernine, Nescoit, Riss, Tethra* se rattachent à la seconde bataille de Magh-Tuiread; il en est probablement de même des articles *Bab* et *Cimb*. L'article *Brathchaei* se réfère aux migrations de la race de Milé. Au cycle de Conchobar et de Cùchulainn appartiennent ou en totalité ou en partie les articles *Art, Cern, Coth* (3), *Cùl, Demess, Mann, Morann, Niae, Serb, Sin;* au cycle de Finn les articles *Art,*

_____

(1) Londres, 1862, in-8.

(2) *Sanas Chormaic.* Calcutta, 1868, in-4°.

(3) Sous ce mot se trouve une citation du *Dialogue des deux sages* qui appartient au cycle de Conchobar. — Voir à ce sujet, *Ancient laws of Ireland*, I, 18 ; O'Curry, *Mss. Materials*, p. 45, 383, 616; *On the manners*, III, 315-316.

Fithal, Mugeime, Orc-treith, Ringene. Nous avons déjà dit que dans le texte du *Senchus Môr* rien ne se rapporte à ce cycle, plus récent que les deux premiers et qui a pour base des événements historiques du second et du troisième siècle avant Jésus-Christ.

Le *Senchus Môr* a fourni des matériaux au *Glossaire* de Cormac. L'auteur du *Glossaire* à eu a sa disposition les trois éléments de ce document juridique, texte, introduction et glose. Ainsi, quand le *Glossaire* de Cormac a été écrit, le *Senchus Môr* était déjà pourvu d'une introduction et d'une glose. Je dis d'abord d'une introduction.

Dans l'article *Nœs* du *Glossaire* (1), les mots *no-fiss. i. fiss nonbar* (*No-fiss*, c'est-à-dire science de neuf personnes), ont été tirés de l'introduction (2) ; et lui-même cet article tout entier ne fait que reproduire sous une autre forme les idées exprimées déjà dans sept lignes de l'introduction au bas de la page 16 tome Ier des *Ancient laws of Ireland*. Le nom de *Cain Patraic* employé pour désigner le *Senchus Môr* à l'article *Clithar Set* du *Glossaire* (3), est aussi emprunté à l'introduction du *Senchus Môr* (4).

Quant aux articles du *Glossaire* qui renvoient au texte du *Senchus Môr*, c'est toujours un texte glosé qu'ils supposent. Voici les titres de ces articles et à la suite de chaque titre la preuve de ce que nous avançons :

1° ATHGABAIL...... *Athgabail din. i. na* VI *ba namairech lege i Senchus Mâr* (5). Une partie du passage auquel renvoie Cormac appartient à la glose, voici ce passage : DI ATHGABAIL *.i. na se mbo, i. aiterrach* (6). Les mots en italiques sont l'œuvre du glossateur ; ce sont les *na se mbo* de la glose qui reparaissent dans le *Glossaire* sous la forme *na* VI *ba ;* VI est la notation en chiffres du *se* « six » de la glose et *ba* est une orthographe moderne de *bo* « vaches ».

(1) *Three irish glossaries,* p. 32 ; *Sanas Chormaic,* p. 122.
(2) P. 16, les deux dernières lignes.
(3) *Three irish glossaries,* p. 9 ; *Sanas Chormaic,* p. 30.
(4) *Ancient laws of Ireland,* p. 18.
(5) SECONDE SAISIE.... Seconde saisie donc, c'est-à-dire des six vaches le lendemain matin, dans le *Senchus Môr. Three irish glossaries,* p. 4.
(6) PAR SECONDE SAISIE, *c'est-à-dire des six vaches, c'est-à-dire de nouveau. Ancient laws of Ireland,* t. I, p. 66.

Flaith. *Ut est isint Senchas mâr.* i. *Flail find for tel-lraig.* i. *as-snam-bo for talman* (1). Voici ce qu'on lit dans le *Senchus Môr* : Laith find for tellraig. *i. as-nam-bo iar-sa-talmain.* (Lait blanc sur le sol, c'est-à-dire [tombant] des vaches sur terre.) Ce qui est en italiques appartient à la glose (2) et a été reproduit par l'auteur du *Glossaire*. Les seu-les différences entre les deux leçons consistent dans les pré-positions : *for* « sur » dans le glossaire, *iar* « après » dans la glose ; 2° en ce que l'article qui manque avant *talman* « terre » dans le *Glossaire* se trouve dans la glose. Ce sont des variantes comme on en rencontre partout.

Ferb. *Ut est isint Senchas Mâr : Teora ferba fira .i. tri ba* (3). Les deux derniers mots sont extraits non du texte du *Sen-chus Môr*, mais de la glose de ce texte. On lit dans le *Senchus Môr* : Teora ferba fira : *fira .i. finda i teora bai* (4) et ce qui est en italiques est l'œuvre du glossateur : le *teora bai* (trois vaches) de la glose, modernisé par les scribes, est de-venu *tri ba* dans le *Glossaire*. Le sens est le même.

Ness. *Ut est isint Senchus Mâr : A grainib cach tomas* (des grains chaque mesure), etc. (5). Ce renvoi s'adresse à une glose sur le passage du texte du *Senchus Môr* ainsi conçu : *Cutruma graine frisi tomister ordlach* « égal au grain à l'aide duquel le pouce est mesuré (6). » Cette glose ne se trouve pas dans l'édition donnée par le gouvernement d'Irlande. La perte d'une glose n'a rien qui doive nous étonner : et il n'y a pas à douter que le passage du *Senchus Môr* cité dans cet article ne fût une glose. En effet, c'est une pièce de vers ré-gulière; or le texte du *Senchus Môr* n'en contient pas, bien qu'on y trouve des allitérations fréquentes, comme nous l'établirons en son lieu. Au contraire il se trouve un certain nombre de pièces de vers intercalées dans la glose du *Sen-chus Môr*.

---

(1) *Three irish glossaries*, p. 19.
(2) *Ancient laws of Ireland*, I, 66.
(3) *Three irish glossaries*, p. 19.
(4) Trois vaches blanches; *fira*, c'est-à-dire « blanches » les trois vaches. *Ancient laws of Ireland*, t. I, p. 64.
(5) *Three irish glossaries*, p. 33.
(6) *Ancient laws of Ireland*, t. II, p. 252. Il y avait trois grains dans un pouce. Livre d'Aicill, *ibid.*, t. III, p. 324-335.

Ainsi le texte du *Senchus Môr*, dont Cormac s'est servi à
la fin du neuvième siècle ou au commencement du dixième,
était déjà glosé. C'est ici le lieu de signaler deux différences
fondamentales qui existent entre la civilisation irlandaise
telle que nous la montre le texte du *Senchus Môr* et la civilisation que la glose du *Senchus Môr* et le *Glossaire* de Cormac nous mettent sous les yeux. Le texte du *Senchus Môr*
ne connaît ni la monnaie métallique ni les livres : la monnaie métallique et les livres apparaissent et dans la glose du
Senchus Môr et dans le *Glossaire* de Cormac.

Le texte du *Senchus Môr* cite des jugements; nous en
avons donné des exemples; nulle part il ne cite un ouvrage
de droit. Or en un seul passage, la glose nous donne les titres de neuf ouvrages de droit :

1. *Imard n-airechta* par Connla ;
2. *Ai Emnach ;*
3. *Tul-bretha Fachtna ;*
4. *Coir Feine Mâr ;*
5. *Coir Feine Bec ;*
6. *Midba Bretha ;*
7. *Rechol Breth ;*
8. *Clethe Bretha ;*
9. *Caire Bretha Mora* (1).

Ailleurs, nous trouvons dans la glose les noms d'au moins
six ouvrages de droit :

10. *Bretha Nemed* (2) ;
11. *Cain Adamnain* (3) ;
12. *Dul Senchus hi Scoba* (4) ;
13. *Cin* (5) ;
14. *Finnsruth Fithil* (6) ;
15. *Lebor Buidhe* (7).

(1) *Ancient laws of Ireland*, t. I, p. 26. Les numéros 2 et 7, *Ai Emnach*
et *Rechol in Breth*, sont aussi cités, t. I, p. 92, 154.
(2) *Ancient laws and institutes of Ireland*, I, 18, 102, 112 ; II, 70, 252.
Ce livre existe encore.
(3) *Ibid.*, I, 176.
(4) *Ibid.*, II, 134.
(5) *Ibid.*, II, 354, 380.
(6) *Ibid.*, I, 120.
(7) *Ibid.*, II, 132.

Le ˶ombre des livres de droit auquel renvoie le *Glossaire de Cormac* est de cinq dont trois ne figurent pas dans la liste qui précède.

1. *Senchus Môr* cité six fois, dont une sous le nom de *Cain Patraic;*

2. *Bretha Nemed*, n° 10 de la liste précédente, cité douze fois ;

3. *Duil Feda Mair*, cité trois fois ;

4. *Duil Rescadach*, cité quatre fois ;

5. *Muir Bretha*, cité une fois (1).

Autre détail important.

Le mot livre, *leabar*, emprunté au latin, est étranger à la langue du texte du *Senchus Môr*. On le trouve déjà dans l'introduction où il sert à désigner le *Senchus Môr* lui-même (2), il reparaît dans la glose (3). Dans la portion du texte du *Senchus Môr* qui contient principalement les additions chrétiennes attribuées à l'influence de saint Patrice, le mot *litir*, « lettre », employé au génitif *litre*, sert à caractériser le droit canonique *recht litre* quand on l'oppose au droit irlandais *recht aicned* (4) ; la puissance de l'habitude a fait conserver à ces deux expressions leur sens ancien (5) dans l'introduction, quoique, au temps où l'introduction a été composée, le *Senchus Môr* fût un livre écrit en lettres, *leabar*, comme les monuments du droit canonique.

En résumé, il n'y avait pas de livres en Irlande à l'époque où fut originairement composé le *Senchus Môr*. Lorsqu'il fut révisé par saint Patrice, on ne trouvait encore en Irlande d'autres livres que ceux que le clergé catholique y avait apportés (6). Quand l'introduction et la glose du *Sen-*

---

(1) Pour plus de détails, voir Whitley Stokes, *Three irish glossaries,* p. 54, 55.

(2) *Ancient laws of Ireland*, I, 16.

(3) *Ibid.*, II, 20, 314.

(4) « Droit de nature ». *Ibid.*, III, 28, 30. Cette expression se trouve déjà au commencement du neuvième siècle dans les gloses irlandaises du Priscien de Saint-Gall. *Grammatica Celtica*, 2ᵉ édition, p. 224. Comparez le Saint Paul de Wurzbourg, *ibid.*, p. 1002.

(5) *Ibid.*, I, 16, 30, 40.

(6) On ne connaît pas d'évêque d'Irlande avant Palladius désigné par le pape Célestin Iᵉʳ, 421-432. L'auteur de la seconde vie de saint Patrice, dans Colgan, *Trias Thaumaturga*, p. 13, raconte que de son temps on avait en-

chus Môr ont été rédigées, non seulement le *Senchus Môr* était écrit, était un livre, mais l'Irlande possédait déjà au moins quinze autres ouvrages de droit dont la glose nous a conservé les titres ; et le *Glossaire* de Cormac, qui appartient à la même période littéraire que la glose, mentionne cinq ouvrages de droit sur lesquels trois ne sont pas compris dans les quinze que la glose nous fait connaître : total dix-huit.

Je passe aux rapports du *Senchus Môr* avec l'histoire monétaire d'Irlande. Les monnaies que connaît le texte du *Senchus Môr* sont la *cumal* ou femme esclave (1), le *sét* ou la bête à corne (2), le *miach* ou sac de blé (3). On s'est demandé si dans la langue du *Senchus-Môr* le mot *cumal* signifiait réellement femme esclave. Il n'y a pas de doute possible : un passage du texte du *Senchus Môr* nous dit que la trémie des moulins irlandais s'appelle *cup cumla*, parce que c'est une *cumal* qui en prend soin (4). La trémie est l'auge où l'on met le blé qui de là passe entre les meules pour être réduit en farine, et c'était une femme esclave qui y versait le blé. Un autre passage du texte, prévoyant le cas ou quelqu'un s'empare de l'esclave mâle ou femelle d'autrui, désigne de même l'esclave femelle par le mot *cumal* (5).

Plus tard un sermon sur la vie de saint Patrice, que M. Whitley Sthokes a publié d'après un manuscrit du quatorzième siècle, raconte une des aventures de saint Patrice ; le futur apôtre de l'Irlande y est esclave ; son maître, pour se l'attacher, achète une *cumal* et veut la lui faire épouser (6). Dans le sermon sur sainte Brigite, que le même savant a tiré du même manuscrit, la mère de sainte Brigite est une *cumal*. Le propriétaire de cette *cumal* l'a prise pour maîtresse et ainsi est devenu père de la sainte ; mais il a une femme légitime qui le menace du divorce, et par là l'oblige à vendre la mère (7).

core les tablettes sur lesquelles Palladius écrivait. Elles étaient conservées dans une des trois églises que Palladius avait fondées.

(1) *Ancient laws of Ireland*, t. II, p. 224.
(2) *Ibid.*, I, 124 ; II, 70, 80, 110, 150, 152, 164, 168, 194, 222, 224, etc.
(3) *Ibid.*, II, 12, 238, 244, 246, 248, 252.
(4) *Ibid.*, II, 124.
(5) *Ibid.*, I, 162.
(6) *Three middle irish homilies*. Calcutta, 1877, p. 12.
(7) *Ibid.*, p. 52 et suivantes.

Ainsi, dans le texte du *Senchus Môr*, la *cumal* ou femme esclave est la monnaie de compte la plus élevée. Plus tard l'usage s'introduisit de remplacer cette monnaie de compte par une certaine quantité d'or ou d'argent pesée à la balance. Ainsi dans une des notices des actes qui sont attribués à saint Patrice par le livre d'Armagh, écrit au commencement du neuvième siècle, nous voyons le prix d'un cheval fixé à une *cumal* d'argent (1). La glose du *Senchus Môr* mentionne des *cumal* d'or comme des *cumal* d'argent (2). On pesait l'or et l'argent : il est question de cette opération dans le *Glossaire* de Cormac :

Pour trois vaches blanches Fachtna, fils de Sencha, réclame trois *dirna* d'argent à mettre dans la balance de Lugba (3). Dans un autre endroit du même recueil on lit que les *set* ou bêtes à cornes de compte du *Senchus Môr* valent une demi-once (4). Puis arrive l'argent monnayé. Deux noms de monnaies apparaissent dans la glose du *Senchus Môr :* le *pinginn* et le *screpal*, l'un d'origine germanique, l'autre d'origine latine.

Le *pingin*, en anglais *penny*, *pfenning* en allemand, a été probablement importé en Irlande par les Scandinaves qui s'y établirent au neuvième siècle (5). *Screpal*, « denier », vient du latin *scripulus* qui désignait la vingt-quatrième partie de l'once. Ce mot avait pénétré dans la langue irlandaise dès l'an 800 environ, puisqu'on le trouve dans le Priscien de Saint-Gall (6) où demi-screpal rend le latin *obolum*, qui est la moitié du denier. Le *pingin* pesait huit grains de froment ; il fallait trois *pingin* pour faire un *screpal* (7). Vingt-quatre *screpal* étaient le prix du *sêt*, c'est-à-dire de la bête à cornes de compte, et pour trois *sêt*, paraît-il, on avait une femme esclave de compte ou *cumal* valant par conséquent soixante-douze *screpal* ou deux cent seize *pingin*.

(1) *Goïdilica*, 2ᵉ édition, p. 85, 90.
(2) *Ancient laws of Ireland*, I, 70.
(3) Au mot *Fir* : *Three irish glossaries*, p. 20 ; *Sanas Chormaic*, p. 72.
(4) Au mot *Clithar set* : *Three irish glossaries*, p. 9 ; *Sanas Chormaic*, p. 30.
(5) Vieux saxon *penninc*, anglo-saxon *penning*, vieux scandinave *peningr*, Graff, *Althochdeutscher Sprachschatze*, t. III, p. 342-343.
(6) *Leth-scripul*, *obolum*, *Grammatica celtica*, 2ᵉ édition, p. 277.
(7) Whitley Stokes, *Sanas Chormaic*, p. 134.

C'est ainsi que furent converties en monnaie métallique dans la glose les monnaies de compte primitives indiquées dans le texte du *Senchus Môr*. Naturellement le *screpal* et le *pingin* ont aussi pénétré dans le *Glossaire* de Cormac. Ainsi la glose du *Senchus Môr*, comme le *Glossaire* de Cormac connaissent à la fois le livre écrit sur parchemin et la monnaie métallique restés étrangers aux auteurs du texte du *Senchus Môr*. Par là ils nous transportent dans une civilisation bien plus moderne que l'état primitif où nous fait remonter cet antique monument du droit irlandais. Or cette civilisation relativement moderne est celle de la fin du neuvième siècle ou du commencement du dixième où a été écrit le *Glossaire* de Cormac, celle du neuvième siècle où a été écrite la glose. Donc le texte du *Senchus Môr* est plus ancien que le neuvième siècle.

§ 5. *Le* SENCHUS MÔR *et les vies de saint Patrice.*

L'introduction du *Senchus Môr* rapporte comment Odran, cocher de saint Patrice, ayant été assassiné à l'instigation du roi Loégairé, le célèbre apôtre de l'Irlande s'adressa à la justice du pays et, malgré la mauvaise volonté du prince, obtint du brehon ou juge Dubhtach la condamnation du meurtrier. Ce récit a été profondément modifié par Josselin qui, écrivant sept siècles après l'événement, en a supprimé la partie judiciaire et l'a remplacée par un miracle. Suivant Josselin, saint Patrice, après la mort cruelle d'Odran, passait un jour devant la porte de l'assassin ; il demanda où était cet homme coupable. Il est chez lui, répondit-on. « Non », s'écria Patrice : « aussitôt après son crime, son âme a été précipitée en enfer par la vengeance de Dieu. C'est Satan qui aujourd'hui habite son cadavre pour faire illusion aux hommes par l'apparence de la vie. » Puis Patrice chassa le démon du corps de l'assassin. A l'instant ce corps devint la proie de la corruption et des vers, il dut être immédiatement enterré (1).

(1) Josselin, *Vita S. Patricii*, § 64, chez Bolland, Mars, t. II, p. 555. La vie plus ancienne de saint Patrice par Probus, dans Colgan, *Trias thaumaturga*, p. 51 et suivantes, rapporte la mort du cocher de saint Patrice, § 18, p. 58, mais ne dit rien des causes de cet événement.

Josselin écrivait cette légende aux environs de l'année
1185. L'introduction du *Senchus Môr* étant antérieure à l'é-
poque où cette légende a pénétré dans la vie de saint Patrice, doit donc avoir été composée avant 1185, et le texte
du *Senchus Môr*, plus ancien que son introduction, remonte
nécessairement bien plus haut que l'année 1185.

L'intervalle chronologique qui sépare le texte du *Senchus
Môr* de son introduction a produit entre ces deux documents
plusieurs différences. L'une appartient à l'ordre d'idées que
nous traitons ici. L'introduction, qui n'a pas admis la
mort merveilleuse de l'assassin d'Odran, reproduit le récit
du tremblement de terre obtenu par une prière de saint
Patrice suivant les vies de ce saint, à partir de celle qu'a
composée Probus dans la première moitié du neuvième
siècle (1). Or il n'y a pas trace de ce miracle dans le texte
du *Senchus Môr*. La partie de ce texte, qui raconte la cor-
rection du *Senchus Môr* par saint Patrice, ne rapporte
qu'un seul des faits merveilleux dont la vie du célèbre apôtre fut plus tard encombrée. Et ce fait appartient au merveilleux païen tout autant qu'au merveilleux chrétien :
l'arrivée de saint Patrice aurait été prédite par les devins
Irlandais, les *vates*, en irlandais *faith*. Cette prédiction est
déjà mentionnée dans la courte vie de saint Patrice en
vers qui est attribuée à Fiacc, un de ses disciples (2). Il
est certain que cette vie est postérieure à Fiacc, car elle a
été écrite après la destruction de Tara qui eut lieu dans la
seconde moitié du sixième siècle, c'est-à-dire environ un
siècle après l'époque où vivait Fiacc (3). D'autre part le manuscrit qui nous l'a conservée, remonte à l'année 1100 en-

---

(1) Potthast, *Bibliotheca historica medii aevi*, p. 841.

(2) *Ancient laws of Ireland*, t. I, p. 46 ; Vie de saint Patrice par Probus,
ix⁰ siècle, § 39, chez Colgan, *Trias thaumaturga*, p. 50 ; vie irlandaise de
saint Patrice, chez Whitley Stokes, *Three middle irish homilies*, p. 22 ;
vie de saint Patrice par Josselin, § 37, chez Bolland, Mars, t. II, p. 549.

(3) Whitley Stokes, *Goidilica*, 2⁰ édition, p. 127, v. 19-22 ; Probus, § 26,
dans *Trias thaumaturga*, p. 49 ; comparez la vie irlandaise de saint Patrice, dans *Three Middle irish homilies*, p. 18 ; Josselin, § 26, dans Bolland,
Mars, t. II, p. 546 ; cf. O'Curry, *Mss. Materials*, et *Ancient laws of Ireland*, t. III, p. 30.

(4) *Annals of the four masters*, édition d'O'Donovan, t. I, p. 190-191 ;
cf. O'Curry, *Mss. Materials*, p. 343, 606 ; *On the Manners*, t. II, p. 17.

viron (1), et, comme il contient de nombreuses gloses
écrites de la même main que le texte, il nous met dans
la nécessité d'admettre un manuscrit primitif, non glosé,
bien plus ancien que l'année 1100, c'est-à-dire écrit à une
époque où, pour être compris, les vers attribués à Fiacc
n'avaient pas besoin de glose. La vie racontée par ces vers
est beaucoup moins merveilleuse que les vies postérieures. Il
n'y est pas question du tremblement de terre sur lequel
l'introduction du *Senchus Môr* s'accorde avec Probus et Josselin. Si donc on veut étudier l'histoire du développement
du merveilleux dans la vie de saint Patrice, on peut établir
la chronologie suivante :

Première époque : Le texte du *Senchus Môr* est révisé,
cinquième siècle. On raconte que la venue de saint Patrice a
été prédite par des devins irlandais.

Seconde époque : Vie de saint Patrice attribuée à Fiacc,
huitième siècle. Elle reproduit cette prédiction en y ajou-
tant quelques miracles chrétiens, tels que le feu qui entoure
le pape Victor, encore ce feu n'apparaît-il peut-être que
métaphoriquement.

Troisième époque : Introduction au *Senchus Môr* et Vie de
saint Patrice par Probus, neuvième siècle : Miracle du
tremblement de terre.

Quatrième époque : Josselin, douzième siècle. Mort mi-
raculeuse de l'assassin qui, au neuvième siècle, dans l'introduction du *Senchus Môr*, est prosaïquement condamné à mort
par le juge Dubhtach, et dont, aussi au neuvième siècle, Probus n'a rien dit, considérant sans doute cette rigueur comme
peu édifiante et incompatible avec la charité merveilleuse
de son héros (2).

§ 6. *Le* SENCHUS MÔR *et le droit canonique irlandais.*

La loi irlandaise autorisait le divorce par consentement
mutuel. Le texte du *Senchus Môr* est formel à ce sujet (3).

(1) Whitley Stokes, *Goidilica*, p. 61.
(2) Dans la 3ᵉ vie de saint Patrice, § 59, Colgan, *Trias*, p. 25-26, l'assassin du cocher meurt naturellement.
(3) *Ancient laws of Ireland*, t. II, p. 362, 384, 394.

Les époux divorcés convolaient en secondes noces du vivant l'un de l'autre. Le roi Conchobar et la reine Medb en donnent chacun dans la poésie épique un exemple illustre. Mariés d'abord l'un à l'autre, ils se séparèrent et formèrent aussitôt tous deux de nouvelles unions légitimes.

Au sujet des questions de droit que cet usage pouvait soulever, le texte du *Senchus Mór* contient un passage qui paraît de prime abord indifférent au point de vue canonique, et qui, par la glose, prend un caractère tout autre : ce passage nous dit que les relations sociales sont au nombre de huit, et qu'une de ces relations est celle du père avec sa fille. Il n'explique pas en quoi consiste cette relation, or voici ce que nous apprend la glose. Le père doit faire épouser à sa fille un homme d'une naissance égale à la sienne. Quand la fille se marie pour la première fois, la totalité du prix de vente de la fille appartient au père ; quand elle se marie pour la seconde fois, le père a les deux tiers du prix ; au troisième mariage la part du père est réduite au tiers et elle va ainsi diminuant jusqu'au vingt et unième mariage où elle est supprimée (1).

Le synode des évêques Patrice, Auxilius et Isserninus atteste l'antiquité de cet usage. Son canon 21 est ainsi conçu :

Si quis tradiderit filiam suam viro honestis nuptiis, et amaverit alium, et consentit filiæ suæ et acceperit dotem, ambo ab Ecclesia excludantur (2).

Dans ce canon, *dos* est la traduction du mot irlandais *coibche* que nous avons rendu par « prix de vente », et c'est en effet le sens que nous donne une des gloses contenues dans le second manuscrit du *Glossaire* de Cormac (3).

A côté de la censure qui frappe la femme et son père, quand la femme mariée *honestis nuptiis* change de mari, et que le père perçoit sur le prix de vente la part déterminée par l'usage, il y a dans un autre document canonique, dit Synode de saint Patrice, une disposition curieuse. Elle se trouve dans le canon 26 : *De meretrice conjuge*, et dans le

(1) *Ancient laws of Ireland*, II, 146.
(2) Migne, *Patrologia latina*, t. 58, col. 825.
(3) Whitley Stokes, *Sanas Chormaic*, p. 48.

canon 28 : *de primis vel secundis votis.* Le canon 26 : *De meretrice conjuge* se termine ainsi : *unde si ducat alteram, velut post mortem prioris, non vetant.* Le canon 28 est ainsi conçu : *eadem ratione observanda sunt prima vota et prima conjugia, aut secundis prima non sint irrita, nisi fuerint adulterata.* Il y a donc une femme, qu'on peut renvoyer et du vivant de laquelle on peut en épouser une autre, c'est la *meretrix*, c'est celle avec laquelle l'union est *adulterata.*

Or cette femme figure dans la loi irlandaise, c'est la femme qui n'est pas mariée *honestis nuptiis*, c'est-à-dire qui n'a rien apporté en mariage et dont le mari possède seul de la fortune (1). Ordinairement celle-là ne reste qu'un an avec son mari. Au bout de l'année elle le quitte pour passer entre les bras d'un autre. La fête païenne de *Bellténé*, 1er mai, est l'époque ordinaire où ces sortes d'union se forment et se terminent (2). La légende des fils d'Usnech, qui fait partie du cycle de Conchobar et de Cûchulainn, nous donne un exemple dramatique de ce genre de mariage. Dans ce morceau épique l'époque à laquelle ce mariage se contracte, n'est pas *Bellténé*, c'est une autre des grandes fêtes du paganisme irlandais, la fête de *Semhain*, 31 octobre. Derdriu que Conchobar avait fait élever dans l'espérance de l'épouser un jour, s'est échappée vierge encore et a épousé Noisé. Après de longues aventures Noisé est tué et Derdriu, les mains liées derrière le dos, est livrée au terrible roi d'Ulster. Elle resta avec lui un an sans sourire, à peine dormait-elle et mangeait-elle, elle ne cessait de pleurer la tête penchée sur les genoux. Au bout d'un an Conchobar lui dit : « Qui hais-tu le plus ? » — « C'est toi d'abord », répondit-elle; « c'est ensuite l'assassin de Noisé. » — « Eh bien, tu seras un an avec lui, » répondit Conchobar. Le lendemain on partit pour une foire qui se célébrait tous les ans à la fête de Samhain. Derdriu était assise sur un char derrière son nouvel époux. Elle avait dit qu'elle ne se verrait jamais sur terre deux époux à la fois. « Eh bien ! » lui cria Conchobar d'un air moqueur, « tu ressembles à une

---

(1) *Ancient laws of Ireland*, t. II, p. 380-391.
(2) *Ancient laws of Ireland*, II, 390.

brebis entre deux béliers. » Derdriu répondit en se brisant la tête contre un rocher (1).

Ainsi les institutions que nous dépeint le *Senchus Môr*, sont celles que le cycle de Conchobar et de Cùchulainn fait vivre sous nos yeux, sont en même temps celles que l'église d'Irlande dans son droit canonique le plus ancien déclare supporter pour une partie et cherche à modifier pour l'autre afin de les rapprocher peu à peu du type chrétien.

En comparant aux doctrines professées par le texte du *Senchus Môr* les usages qu'expose sur les mêmes points la plus ancienne littérature de l'Irlande, nous trouvons un accord parfait. Rien donc ne nous autorise à contester l'autorité des documents qui font remonter au delà de saint Patrice la composition première du *Senchus Môr*, et qui attribuent à saint Patrice lui-même les quelques éléments de christianisme contenus dans cet antique document.

Dans un second mémoire nous l'étudierons au point de vue de la grammaire, du vocabulaire, en un mot de l'histoire de la langue peu connue dans laquelle il est écrit.

(1) *Atlantis*, III (1862), p. 416-417. Sur la date de la foire de Murtheimné dont il s'agit dans ce document, voir *Seirglige Conchulainn*, *Atlantis*, I, (1858), p. 370-371. Derdriu est la Darthula de Macpherson, qui a complètement défiguré l'original irlandais. Voir l'édition d'Ossian donnée en 1872, p. 189. Le Cùchullin du morceau précédent, p. 180 de la même édition, est notre Cùchulainn, et ce morceau même en est un pastiche du n° 18 de notre p. 17.

Les manuscrits qui ont servi de base à l'édition du *Senchus Môr* publiée par le gouvernement d'Irlande sont : pour le tome Ier, une partie, écrite vers 1578, du manuscrit Harléien 432 du British Museum ; pour le tome II, une partie du manuscrit H. 3. 18 du collège de la Trinité de Dublin, seizième siècle, une partie écrite en 1350 du manuscrit H. 2. 15 du même établissement, une partie du manuscrit H. 3. 17 recueil de différentes mains du quatorzième au seizième siècle aussi conservé au collège de la Trinité. Ainsi ce qu'il y a de plus ancien dans ces manuscrits remonte au quatorzième siècle. Je prétends que ces manuscrits dérivent d'un manuscrit primitif écrit vers l'an 800, date approximative où la vieille loi irlandaise, jusque-là conservée de mémoire, aurait été pour la première fois fixée par l'écriture. Cette prétention n'a rien d'audacieux si l'on tient compte des doctrines reçues pour certains monuments de l'antiquité classique. Callimaque, par exemple, écrivait au troisième siècle avant notre ère, et les œuvres que nous possédons de lui sont considérées comme authentiques, bien que nous n'en ayons pas de manuscrit antérieur au quinzième siècle. Je vais essayer d'établir cette doctrine par l'étude de la langue dans laquelle le *Senchus Môr* est rédigé. Ce travail sera divisé en sept sections :

1° Notions générales sur l'histoire de la langue irlandaise;

2° Le vocalisme et le consonatisme du moyen irlandais (xıᵉ-xvıᵉ siècle) dans le texte du *Senchus Môr*;

3° La déclinaison de l'article, du nom, de l'adjectif, suivant les règles du vieil irlandais (vııᵉ-xıᵉ) siècle, dans le texte du *Senchus Môr*;

4° Le verbe vieil irlandais dans le texte du *Senchus Môr*;

5° Traces de vieil irlandais dans la glose du *Senchus Môr*;

6° Éléments latins et germaniques dans le vocabulaire du *Senchus Môr*;

7° Conclusion.

SECTION Iʳᵉ. — *Notions générales sur l'histoire de la langue irlandaise.*

L'histoire de la langue irlandaise peut se diviser en quatre périodes : 1° irlandais ogamique du commencement de notre ère ou environ jusque vers l'an 700; 2° vieil irlandais (vıııᵉ, ıxᵉ, xᵉ, xıᵉ siècles); 3° moyen irlandais (xıᵉ-xvı siècle); 4° irlandais moderne (xvııᵉ-xıxᵉ siècle).

L'irlandais ogamique est représenté par quelques inscriptions d'Irlande et du Pays de Galles. Ces inscriptions sont gravées en caractères ogamiques (1). L'alphabet ogamique est presque identique à l'alphabet latin tel qu'il était constitué au temps de Cicéron et de Quintilien, c'est-à-dire avant qu'on y ajoutât l'*y* et le *z*. Il n'y a que trois différences : 1° l'alphabet ogamique primitif ne contient pas la lettre *p* qui est étrangère à l'irlandais le plus ancien; 2° il remplace le *k*, par un signe qui veut dire *ng* (2), il a par conséquent vingt lettres au lieu de vingt et une; 3° pour éviter au lapicide la

___

(1) O'Donovan, *A Grammar of the irish language*, p. XLII et suivantes; *Grammatica celtica*, 2ᵉ édition, p. 1; Hubner, *Inscriptiones Britanniæ christianæ*; Nigra, *Reliquie celtice*; Whitley Stokes dans *Beitrüge* de Kuhn, V, 363 et VI, VIII; Samuel Ferguson, *Account of ogham inscriptions*; Rhys, *Lectures on welsh philology*, appendix; *Glossaire* de Cormac au mot *Gabur*, dans *Three irish glossaries*, p. 24.

(2) L'agma de Varron. Voir une note de M. Louis Havet dans les *Mémoires de la Société de linguistique de Paris*, t. IV, p. 276.

peine d'apprendre à écrire, cet alphabet représente chaque lettre par un certain nombre de lignes droites ou de points disposés de différentes façons. Le nombre de ces lignes ou de ces points dépend du rang de chaque lettre dans l'alphabet(1).

Les auteurs de l'alphabet ogamique font preuve de connaissances qui sont restées sans action sur l'ordre des lettres de l'alphabet latin. On sait comment sont disposées les lettres de cet alphabet :

A,B,C,D,E,F,G,H,I,K,L,M,N,O,P,Q,R,S,T,V,X.

Au lieu de copier servilement cette liste en mettant *ng* à la place de *k* et en supprimant le *p*, les Irlandais ont séparé les consonnes des voyelles et ont rangé ces dernières dans l'ordre logique qu'exigent les lois de la grammaire irlandaise comme celles de la grammaire française en séparant l'*e* et l'*i* des trois autres. Voici comment sont rangées les lettres dans l'alphabet ogamique :

B,L,F,S,N;H,D,T,C,Q;M,G,NG,X (ou plutôt SC) R ;
A,O,U,E,I.

Cet alphabet est postérieur à l'introduction du *g* dans l'alphabet romain, troisième siècle avant notre ère (2); il est même fort probablement postérieur à l'établissement des Romains dans la Gaule du nord, et surtout dans la Grande-Bretagne ; c'est seulement à partir de cette conquête qu'il y eut des relations entre les Romains et les Irlandais. La période ogamique peut donc commencer vers le premier siècle de notre ère. Elle se termine vers l'an 700. A l'époque ogamique l'irlandais avait des désinences analogues à celles que possède la langue latine et que le vieil irlandais (VIIIe-XIe siècle) à déjà en grande partie perdues

(1) Une inscription ogamique ressemble à un arbre grossièrement dessiné. De là les noms des lettres irlandaises qui sont des noms d'arbres. Ainsi dans la glose de l'*Amra Choluim Chille*, éd. O'Beirne Crowe, p. 14, le mot *nin* « frène » est employé pour désigner la lettre *n*.

(2) Sur l'histoire de l'alphabet latin, voir Corssen, *Ueber Aussprache, Vokalismus und Betonung der lateinischen Sprache*, t. I, p. 5-13. Je ne puis admettre, sur l'origine de l'ogam, le système exposé, fort savamment du reste, par M. Rhys, *Lectures on welsh philology*, septième leçon.

comme son contemporain le français du serment de Strasbourg, 842.

Les lois phoniques du vieux français et celles du vieil
irlandais ne sont pas exactement les mêmes, mais présentent entre elles une grande analogie. A l'époque ogamique
fils se disait en Irlande, au nominatif, *maquas*, au génitif
maqui : maqui est très fréquent dans les inscriptions ogamiques ; il devient *maicc* en vieil irlandais, perdant sa syllabe
finale, comme amur = *amore*, christian = *christiano*, salva-
ment = *salvamento* dans le serment de Strasbourg. Vers
l'an 700, l'usage des inscriptions ogamiques tomba en dé-
suétude, elles furent remplacées par des inscriptions en minuscules latines de la variété dite anglo-saxonne et plus
exactement irlandaise ; c'est avec ces inscriptions en minuscules latines que le vieil irlandais fait son apparition.

La plus ancienne de ces inscriptions nous offre encore
par une exception unique un exemple de l'*i* final du génitif: *macci*, « du fils », dans cette inscription (1), sert de
transition entre le *maqui* ogamique et le *maicc* du vieil ir
landais.

Quand les Irlandais commencèrent à graver sur la pierre
en minuscules leurs inscriptions funéraires, ils écrivirent sur
parchemin avec les mêmes caractères leurs premiers manuscrits (2). L'orthographe irlandaise conserve encore aujourd'hui des éléments nombreux qui datent de cette époque
reculée. Elle garde par respect pour la tradition une foule de
lettres qui ne se prononcent plus depuis bien des siècles.
Prenons comme terme de comparaison le *fradre*, « frère »,
du serment de Strasbourg. Supposons qu'on suive en
France un système orthographique analogue au système
irlandais : nous écririons aujourd'hui *fraedhre* en conser-
vant respectueusement l'*a* et la dentale qui ne se prononcent

____

(1) Petrie et Miss Stokes, *Christian inscriptions of Ireland*, t. II, p. 10.
(2) D'après une tradition irlandaise, ce serait vers l'an 600 qu'aurait été
écrite la version que nous possédons encore de l'épopée intitulée *Táin bó
Chuailgne*. D'après une autre tradition Cennfaeladh, fils d'Oilell, un des
plus célèbres hommes de lettres d'Irlande, aurait appris à écrire, quand il
n'était plus jeune, vers le milieu du septième siècle, *Ancient laws of Ire
land* t. III, p. LXVII, 88, 89. La date de 700 que je donne ici n'est qu'une
approximation.

— 38 —

plus, mais en faisant suivre l'*a* de l'*e* qui le remplace et la
dentale d'un *h* qui indiquerait que cette lettre n'a plus de
valeur phonétique.

« Juge » se disait en vieil irlandais *brithem*, au nom. pl.
brithemin. On trouve dans les gloses de Milan, un des plus anciens manuscrits irlandais que nous ayons (viii° siècle), ce
nominatif pluriel *brithemin* dont le *th* avait probablement
le son du *th* dur des Anglais.

Dans la traduction irlandaise de la Bible, écrite au dix-
septième siècle, et dont on fait encore usage aujourd'hui,
brithemin est écrit *breitheamhuin*, c'est-à-dire que le nombre
des lettres s'est élevé de neuf à treize, mais malgré l'augmen-
tation du nombre des lettres le son est simplifié ; on doit,
d'après les règles de la phonétique moderne, prononcer
bréhaoueunn et on n'entend guère autre chose que *bréheunn :*
les Anglais notent *brehon* la prononciation de ce mot. Quoi-
qu'on ait ajouté cinq lettres, le nombre des syllabes est réduit de trois à deux.

Un autre mot fort intéressant est le génitif *Conchobair* du
nom d'un roi qui tient dans l'épopée irlandaise la même
place que celui d'Agamemnon dans l'épopée grecque. Ce génitif qui s'écrit aujourd'hui *Conchobhair* devrait se prononcer
suivant les lois de la phonétique actuelle *Conchoouar* avec un
ch qui sonne comme le *ch* allemand et le *c'h* breton : en réalité
on n'entend guère que *Concheur*, et les Anglais, incapables
comme nous de prononcer le *ch*, écrivent ce mot *Conor* (pro-
noncez *Coneur*). Or, chose fort curieuse, dans le *Liber landavensis*, manuscrit gallois de l'année 1132, contemporain par conséquent des débuts de la période que nous
appelons moyen irlandais, le génitif *Conchobair* est déjà
écrit Conchor (1). Il est donc évident que les manuscrits
irlandais contemporains du *Liber landavensis* nous offrent
avec la forme archaïque *Conchobair* une orthographe qui
représente non pas la prononciation de leur temps, mais
une prononciation plus ancienne. L'inscription funéraire
du roi Turlough O'Conor, mort en 1156, où Conor est en-

: (1) *The Liber landavensis*, Llandovery, 1840, p. 1 : *nepotis Conchor.* Ces
deux mots auraient été en vieil irlandais : *Aui Conchobair*, formule
identique au moderne *O'Conor.*

core écrit *Chonchobair* (1), conserve à ce nom une apparence archaïque qui n'est plus conforme à la prononciation contemporaine ; il faut descendre jusqu'au commencement du quinzième siècle pour trouver cette prononciation figurée dans une inscription qui est le numéro 85 du recueil de Melle. Stokes : *Conchobair* y est écrit *Conchuir* (2), presque comme trois siècles plutôt dans le *Liber landavensis* dont l'auteur en sa qualité de Gallois n'avait pas, pour respecter ces traditions de l'orthographe irlandaise, les mêmes raisons que les scribes irlandais.

Je m'en tiens à ces exemples pour donner au lecteur une idée des révolutions que la langue irlandaise a subies depuis l'époque où les inscriptions ogamiques nous donnent la notion la plus ancienne que nous ayons de cette langue.

Le passage de l'époque ogamique au vieil irlandais, vers l'an 700, est caractérisé par la chute de certaines syllabes finales : *maqui* devient *maicc* et *Cuna-cobari* (?) *Con-chobair*. Le passage du vieil irlandais au moyen irlandais dans le onzième siècle est caractérisé par divers autres phénomènes dont l'un consistait à prononcer *ou* l'*m* et le *b* placés entre deux voyelles dans l'intérieur des mots ; c'est par là et par l'assourdissement de plus en plus sensible des finales que *Conchobair* devient *Conchuir*, *Conchor*. Les scribes sont des savants qui font des efforts pour conserver l'ancienne orthographe. Mais, malgré ces efforts quelquefois heureux, souvent ils se trompent, ils oublient, ils cèdent à la puissance de la prononciation nouvelle : les copies d'anciens textes offrent le mélange de formes archaïques, reproduites d'après le manuscrit primitif, et de formes contemporaines dues au scribe, qui n'a pu, quoique ayant sous les yeux un manuscrit plus ancien, s'affranchir complètement des habitudes grammaticales de son temps.

(1) Petrie et Stokes, *Christian inscriptions of Ireland*, t. II, p. 76. L'inscription 82 *a*, p. 77, nous offre la forme *Chonchobuir*, par un *u* au lieu d'un *a*, qui, s'éloignant de la tradition, se rapproche beaucoup plus de la prononciation.

(2) *Christian inscriptions of Ireland*, t. II, p. 85.

Section II. — *Le moyen-irlandais* (xiᵉ-xviᵉ *siècles*) *dans le texte du* Senchus Môr (1).

Les caractères du moyen irlandais qu'on trouve dans le texte du *Senchus mór* peuvent se diviser en deux catégories : 1° prononciation ou phonétique; 2° syntaxe.

Dans la prononciation ou phonétique nous distinguerons les phénomènes qui affectent les voyelles ou vocalisme et ceux qui affectent les consonnes ou consonantisme.

Au vocalisme appartiennent :

L'addition d'un *a* après l'*e*, *sean* II, 12, pour *sen* « vieux », *aincheas* II, 48, pour *anches* « difficile », *ceart* II, 62, pour *cert* « droit », *neasum*, II, 90, pour *nesum* « très proche », *dileas*, II, 182, pour *diles* « propre », *ceann*, II, 290, pour *cenn* « tête », *fear*, II, 344, pour *fer* « homme », *feal mac*, II, 344, pour *felmac*, « beau-fils », *leath*, II, 312, pour *leth* « moitié ».

L'emploi d'*e* pour *i* :

Cele, au génitif pour *céli*, II, 336, 386 (ce mot veut dire « associé, vassal, époux »);

e pour *iu* :

Au datif singulier : *céle* II, 264, 336, pour *céliu* ; *dire*, II, 352, pour *diriu*, « compensation pécuniaire » ; à l'accusatif pluriel, *Feine*, II, 10, pour *Feiniu* un des noms de la race irlandaise; au comparatif *uaisle*, II, 20, 36, pour *uaisliu*, « plus élevé, plus noble»; *isle*, II, 20, pour *isliu*, « plus bas »; *iar duine*, III, 22, pour *iar duiniu*, « d'après l'homme » ;

i pour *e* :

Au nominatif et à l'accusatif des noms masculins en *e*; *ceili*, II, 268, 338;

i pour *iu* :

Au datif singulier masculin et neutre : *bic*, II, 194, *bicc*, II, 254 pour *biucc* « petit »; *fir*, II, 392, 398, pour *fiur* « homme »; *cinn*, II, 290, pour *ciunn*, « tête ».

Au consonantisme appartiennent :

La substitution de *nd* à *nn* dans *cend* pour *cenn* « tête »,

<hr>

(1) Sur les caractères qui distinguent le moyen irlandais du vieil irlandais, voir Whitley Stokes, *Three Irish glossaries*, p. xiii, xiv, xv, xvii ; *Irish glosses*, p. 135; *Goidilica*, 2ᵉ édition, p. 61.

II, 186, 196 ; *aircendcha* II, 210 pour *aircenncha*, « relatif à l'*airchinnech* », c'est-à-dire « au prince, au chef » ; *benda*, I, 64, pour *benna*, « bêtes à cornes » ; *firinde*, I, 64, pour *firinne*, « sincérité, franchise » ; *anmanda* pour *anmanna*, « les âmes », III, 38 ;

La substitution de *d* à *t* : dans *didin*, II, 24, pour *ditin*, « protection, abri » ; *didnad*, III, 18, pour *ditnad*, « action de protéger » ; *tuisdiu*, III, 38, pour *tuistiu*, « génération ».

Passons à la syntaxe :

Au datif pluriel ni l'article ni l'adjectif ne s'accordent plus avec le nom :

Dona fiachuib, II, 184, pour *donaib fiachaib*, « des dettes » ; *forsna urgurtuib*, II, 290, pour *forsnaib aurgartaib*, « avec les personnes frappées d'incapacité » ; *fia fiadnaib inrucadh*, II, 18, pour *fia fiadnaib innrucadaib*, « devant des témoins dignes de foi » ; *do clandaib talmanda*, II, 40, pour *do clandaib talmandaib*, « des fruits de la terre ».

On trouve le datif après les prépositions, qui en vieil irlandais gouvernent l'accusatif : *itir comorbaib*, I, 122, 214, 216, pour *etir comorbu*, « entre cohéritiers » ; *itir croaib*, I, 184, « entre des morts » ; *itir feraib*, I, 232, « entre des pâturages » ; *cu-sna belltanaib*, II, 390, pour *cu-sna belltena* ou *bellteniu*, jusqu'à la fête de *belltene*, « premier mai ».

Ces citations peuvent donner une idée des modifications que les scribes ont fait subir à l'orthographe primitive du *Senchus Môr*.

Section III. — *Le vieil irlandais dans le texte du* Senchus Môr.

Un des caractères les plus saillants qui distinguent la phonétique du vieil irlandais de la phonétique du moyen irlandais, ce sont les finales en *iu* du premier : elles se trouvent 1° au datif singulier des thèmes masculins et neutres en -*ia*- : le *iu* final de ce cas est identique au -*io* final du latin *filio*, *pio*, *Publio*, *Caio*, *Martio* ; 2° au comparatif, le *iu* final ici est identique au -*ior* final du latin *altior*, *melior*, etc. ; 3° à la première personne du singulier du présent de l'indicatif de la troisième conjugaison irlandaise ; ici le -*iu* final est identique au -*io* final d'*audio*.

Le .-*iu* final du datif singulier masculin ou neutre se trouve plusieurs fois dans les inscriptions d'Irlande publiées par Miss Stokes. Deux ont pu être datées ; on lit :

Corbriu, dans l'épitaphe d'un évêque mort en 904, t. I, p. 47, n. 96 ;

Guairiu, dans l'épitaphe d'un prêtre mort en 953 ou 944, t. I, p. 55, n. 119 ;

Et *Corbriu*, se change en *Corpre* dans une inscription de l'année 1013 (t. II p. 59, n. 67).

Dans quelques thèmes en -*ia* tels que *comarbe*, « cohéritier », le datif vieil irlandais se formait non en *iu*, mais en *u :* or, une inscription du onzième siècle nous donne le datif archaïque *comarbu*, cohéritier, t. II, p. 90, n. 89, et une inscription du même siècle nous offre la forme moderne du même cas *comarbu*, t. II, p. 92, n. 90.

Le onzième siècle paraît donc avoir été l'époque où disparurent la finale *iu* et même la finale *u* du datif singulier des thèmes en *ia*.

Or on rencontre dans le *Senchus Môr* un certain nombre d'exemples de cette désinence, avec ses deux variantes, *iu* et *u :*

I sen cairiu, I, 216, « dans un vieux chaudron » ;

Di aithniu, I, 238, « par connaissance » :

Iar tuistiu, I, 256, « après génération » ;

Do celiu, II, 274, « à vassal » (on trouve ailleurs au datif *cele*) ;

Di arailiu, II, 338, « par un autre » ;

For duiniu, I, 258, « sur homme » (on trouve ailleurs au datif *duine*) ;

O suidiu, II, 86, « de cela » ;

Con a diriu, II, 324, « avec sa compensation pécuniaire » (on trouve ailleurs au datif *dire*) ;

Di.... chairdiu, III, 24, « par amitié » ;

Iarn etechtu, I, 254, « après non-possession » ;

Iarn etôrbu, I, 254, « après dommage ».

Voici des exemples de comparatif en *iu* également empruntés au texte du *Senchus Môr*. Nous y joignons des exemples de la variante -*u :*

Uaisliu, II, 278, 338, « plus noble », cf. *uaisle*, II, 20, 36 ;

Caidiu, II, 394, plus respectable; comparez *saire*, « plus libre » dans le même membre de phrase ;

Ecnigiu, II, 278, « plus sage » ;

Treisiu, II, 278, « plus fort » ;

Siru, I, 120, « plus long » ;

Gnäthu, I, 250, « plus accoutumé » ;

Dligtechu, II, 332, 338, « plus légal » ;

Airmidnechu, II, 394, « plus honorable » ;

Sofoltachu, II, 394, « plus capable », c'est-à-dire « plus riche ».

Quant à la première personne du singulier du présent de l'indicatif, il en sera question dans la section suivante où nous traiterons des traces de vieil irlandais que conservent l'introduction et la glose.

Des phénomènes phoniques par lesquels le vieil irlandais, viiiᵉ-xiᵉ siècle, se distingue du moyen irlandais, xiᵉ-xviᵉ siècle, je passe aux formes verbales que le vieil irlandais possède et que le moyen irlandais a perdues.

Toir-cechnatar, III, 30, « ils ont prophétisé », est un parfait redoublé, de la racine CAN, « chanter », comparez le latin *cecini*.

As-rirtar, II, 396 « il sera payé » (1), est la troisième personne du singulier du passif du futur redoublé *asririu* (*impendam*) qui se trouve dans un manuscrit du neuvième siècle, le saint Paul de Wurzbourg (2), c'est une variante d'*as-rirther* (*reddetur*), qu'on a déjà signalé dans le même manuscrit (3).

M. Whitley Stokes, dans son savant mémoire sur la conjugaison du vieil irlandais, a emprunté au *Senchus Môr* des exemples de parfait dit *redoublé* sans redoublement comme *do-ceirr*, « elle périt », I, 64, *ro-midir*, « il jugea », I, 102, 126 (4) ; on peut y ajouter *er-geoin*, I, 84, *er-geouin*, I, 266 (*cognovit*), cf. *geuin* dans les gloses de Milan, huitième siècle (5).

<hr>

(1) Le passage *is-ed as-rirtar do de* peut être traduit littéralement : *Est hoc quod solvetur ad eum de eo*, la traduction anglaise : *This is what he pays for it*, contient un contre-sens, l'actif pour le passif.

(2) *Grammatica celtica*, 2ᵉ édition, p. 452.

(3) *Grammatica celtica*, 2ᵉ édition, p. 475.

(4) *Beiträge* de Kuhn, t. VII, p. 14.

(5) *Grammatica celtica*, 2ᵉ édition, p. 449.

Outre les exemples de prétérit en *t* déjà signalées dans le
Senchus Môr par le même auteur, comme *do*-sn-*acht*, « il les
emmena », I, 64, on peut citer *is-ru-bartmar*, « nous avons
dit », II, 390, *dorarngart*, III, 28 « il a prophétisé », etc.

Reste à dire quelques mots de la syntaxe.

Un des traits les plus caractéristiques du vieil irlandais,
c'est l'accord de l'article et de l'adjectif avec le nom au datif
pluriel. Nous avons donné dans la section précédente des
exemples des cas où le scribe du quatorzième siècle et des
siècles suivants, obéissant à la coutume de son temps, a
supprimé cet accord. Voici des exemples dans lesquels il a
conservé l'orthographe du manuscrit plus ancien qu'il co-
piait :

Dinaib gnimaib seo, I, 242, « de ces actes » ;

Con a foclaib techtaib, II, 248, « avec leurs paroles régulières » ;

A toimsib techtaib, II, 248, « de ses mesures légales » ;

Con a toimsib techtaib, II, 250, « avec ses mesures légales » ;

Con a airegtib coirib, II, 250, « avec ses preuves régulières » ;

Cennaib coirib, II, 306, « aux chefs réguliers » ;

Do flaithib ilib echtrandaib, II, 308, « à plusieurs chefs
étrangers ; »

Con a finib acnedaib, III, 16, « avec ses tribus naturelles » ;

In a comairlib coraib, III, 26, « dans leurs conseils réguliers » ;

In-a mamaib coraib, III, 26, « dans leurs soumissions régulières », etc.

Je terminerai par quelques exemples de pronoms infixes.
On appelle pronom infixe, celui qui s'intercale entre un
préfixe et le verbe : supposons qu'en français au lieu de
dire « je *le* confie », « que je confie », on dise : « je con-*le*-
fie », « je con-*que*-fie ». C'est une espèce de *tmèse*, tel est le
terme consacré par les grammairiens grecs qui en ont re-
marqué des exemples chez leurs auteurs les plus anciens,
notamment chez Homère, et cette expression a été conservée
par les modernes.

Ro-n-uaisligtur, II, 12, « *qui* anoblissent » ;

Ni-sn-gab, II, 122, « ne *les* saisit pas » ;

Do-s-roimli, II, 316, « *les* a consommés » ;

Do-n-imairg, II, 318, « *qui* contraint (1) » ;

Im-us-fuich fine, II, 260, « la tribu *les* actionne » ;

Im-us-fuichet, im-us-coitcet, im-us cobrathar, im-us-cum-taiget fine, II, 260, « *ils* actionnent, *ils* soutiennent par leur serment collectif, *ils* défendent, *ils* couvrent la tribu » ;

Fo-n-uaslaicter, III, 24, « qu'on *leur* délivre » ;

Do-n-imairget, III, 20, « qu'ils *le* contraignent » ;

Do-n-icfa, III, 30, « qu'*il* viendrait » ;

Fo-n-agaib, III, 62, « *que* laisse » ;

C'est donc en vieil irlandais, que le texte du *Senchus Môr* a été originairement écrit, et, quand on y trouve des formes qui appartiennent au moyen irlandais, on doit attribuer aux scribes l'introduction de ces formes dans cet antique monument.

Section IV. — *Traces de vieil irlandais* (VIIIe-XIe *siècles*), *dans la glose et dans l'introduction du* Senchus Môr.

La glose du *Senchus Môr*, publiée dans les *Ancient laws and institutes of Ireland*, est de plusieurs dates. Quelques gloses ordinairement très courtes remontent au neuvième ou au dixième siècle : telles sont celles qui se trouvent reproduites dans le *Glossaire* de Cormac. D'autres, les plus développées, sont plus récentes. Une grande partie du commentaire du *Senchus Môr* a été écrite en moyen irlandais. Mais les gloses qui portent l'empreinte encore visible du vieil irlandais établissent péremptoirement l'antiquité du *Senchus Môr* qui évidemment a été composé avant d'être commenté.

Nous allons donc rechercher les traces de vieil irlandais qu'offre la glose du *Senchus Môr*; et nous comprendrons dans nos recherches l'introduction, qui peut être considérée comme la glose la plus ancienne de notre vieux monument du droit irlandais, et la glose de cette introduction.

Nous trouvons :

1° Le datif en-*iu*, et en-*u* dans la glose du texte *iar suidiu*, I, 74, » après cela » ; *dul do cairiu fira*, II, 198, « aller au chaudron d'épreuve » ; *ar in cetnu*, II, 242, « premièrement » ;

(1) *Is ecen do-n-imairg do riar na flatha*, « il est une force qui contraint selon la volonté de son chef ». La traduction anglaise « He shall serve the chief by increased service, » ne rend pas le sens de cette phrase.

in cetnu fecht, II, 62, « la même fois » ; le datif en *iu* se rencontre même dans la glose de l'introduction : *for a ceiliu*, sur son vassal, I, 54 ;

2° Les comparatifs en-*iu* : dans la glose du texte : *uasliu*, « plus noble », II, 406 ; *isliu*, « plus bas », II, 158 ;

3° La première personne du singulier du présent de l'indicatif en-*iu* dans l'introduction : *ailiu*, I, 10, « j'invoque » ;

4° Le parfait redoublé, dans l'introduction : *do-n-aircechain*, I, 16, « ils l'ont prédit » ;

5° Le futur redoublé dans l'introduction : *fogêba*, I, 18, « il contiendra » ; et dans la glose du texte : *géblar*, « I, 214, il sera pris » ;

6° Accord de l'article avec le nom au datif pluriel dans la glose de l'introduction : *donaib flathib*, I, 18, « aux chefs » ; *donaib fileadaib*, I, 44, « aux poètes » ; accord du nom de nombre avec le nom qui suit dans la glose du texte, *do dib cualadaib*, I, 72 ; « aux deux oreilles » ;

Accord de l'adjectif avec le nom, au datif pluriel qui précède, dans la glose : *treabuibh indlightuchuib*, II, 244, « maisons illégales » ; [*f*]*risna flaithib ilardaib* (1), II, 308 « à plusieurs chefs » ;

7° Pronoms infixes dans l'introduction : *do-n-aircechain*, I, 16, « ils le prophétisèrent » ; dans la glose de l'introduction : *ro-n-uc*, I, 18, « il le porta » ; *ro-n-ucsat, ibid.*, « qu'ils portèrent » ; *ro-s-rann*, I, 30, « il le divisa » ; *fo-n-uaslaicther* qui est dissous », I, 50 ; dans la glose du texte : *no-s-gaib*, « il le prend », II, 98.

Ce qui au point de vue chronologique est surtout important, ce sont les traces du vieil irlandais conservées par la glose de l'introduction, puisque l'introduction est postérieure au texte, et que la glose de l'introduction a été écrite après l'introduction. Évidemment une partie de la glose de l'introduction date de l'époque du vieil irlandais, c'est-à-dire du xie siècle au plus tard ; on doit considérer comme décisifs les exemples de datif en *iu*, l'accord de d'article et de l'adjectif avec le nom, enfin de prénoms infixesque cette glose a fournis aux alinéas 1, 6 et 7.

(1) Il y a ici une faute qui sent le moyen irlandais, car *fri* gouverne l'accusatif en vieil irlandais.

Outre les gloses publiées dans les *Ancient laws and institutes of Ireland* d'après les manuscrits du *Senchus Mór*, nous pouvons étudier, au point de vue de la langue, les gloses du *Senchus Mór* éparses dans d'autres documents. Nous avons déjà parlé de celles que contient le Glossaire de Cormac, document attribué aux environs de l'année 900 par les témoignages historiques (1) et qui, paléographiquement parlant, ne peut être postérieur au milieu du douzième siècle (2). Une des gloses du *Senchus Mór* conservée par le Glossaire de Cormac nous offre le comparatif en *u*, *toisechu* (3) (*prior*); une autre glose du *Senchus Mór* qui se trouve dans une glose du document intitulé *Amra Choluim-Chille* explique *do-su-acht*, « il *les* emmena », par *ro-s-im-maig* (4), qui nous présente un exemple de pronom infixe.

On est donc obligé de reconnaître que, lorsqu'on a commencé à gloser le *Senchus Mór*, la langue qu'on écrivait en Irlande était encore le vieil irlandais. Or il paraît bien établi que c'est au onzième siècle que le vieil irlandais a pris fin (5). Si on ne veut pas considérer comme prouvée l'attribution du Glossaire de Cormac à Cormac Mac Cuilennâin mort en 903, les nombreuses traces du vieil irlandais que ce Glossaire contient nous obligent à le dater du onzième siècle au plus tard. Or le *glossaire* de Cormac commente, en les attribuant au *Senchus Mór*, quatre expressions que nous retrouvons dans l'édition du *Senchus Mór* publiée par le gouvernement d'Irlande *athgabail* (6), *fira* (7), *ferba* (8),

---

(1) Le titre est *Sanas Chormaic* dans le manuscrit complet le plus ancien, qui est du quatorzième siècle. Or, le personnage du nom de Cormac, dont ce titre fait mention, est surnommé *Mac-Cuilennain* dans une citation qui se trouve dans le livre de Leinster, écrit au milieu du douzième siècle, et Cormac Mac Cuilennâin est mort en 903.

(2) Le fragment publié par M. Withley Stokes, *Three irish Glossaries*, p. 44-45, et qui comprend la fin de la lettre *T* et la lettre *U* tout entière, est tiré du livre de Leinster, ms. H. 2. 18 du collège de la Trinité de Dublin qui remonte au milieu du douzième siècle.

(3) Whitley Stokes, *Three irish Glossaries*, p. 4, v° *Athgabail*.

(4) Whitley Stokes, *Sanas Chormaic*, p. 72. Cf. Windish, *Das irische prateritum*, dans le *Beiträge* de Kuhn, t. VIII, p. 442; O'Beirne Crowe, *Amra Choluim Chille*, p. 40.

(5) *Three irish Glossaries*, p. 41.

(6) *Ibid.* p. 19.

(7) *Ibid.*, p. 19.

(8) *Ibid.*, p. 19.

flaith (1). Donc il faut admettre que le *Senchus Môr* au onzième siècle avait besoin de commentaires pour être compris. Les traces d'ancien irlandais que nous offrent d'autres gloses qui n'ont pas été admises dans le *Glossaire* de Cormac et dont nous avons cité des exemples confirment cette conclusion, fondée sur la linguistique (2). A côté de cette conclusion subsistent les faits historiques qui motivent l'attribution du *Glossaire* de Cormac à un auteur mort en 903, et par conséquent nous obligent à faire remonter non pas seulement au onzième siècle, mais aux environs de l'année 900 les gloses du *Senchus Môr* que ce Glossaire contient.

Section V. — *Éléments latins et germaniques dans le vocabulaire du* Senchus Môr.

Le *Senchus Môr* se divise en sept parties : 1° le traité de la saisie, *Ancient laws of Ireland*, t. I, p. 64 et 304, t. II, p. 1-130 ; 2° le traité du cautionnement, t. II, p. 132-144; 3° le traité du contrat d'éducation et d'apprentissage, t. II, p. 146-192 ; 4° le traité du contrat de cheptel libre, t. II, p. 194-220 ; 5° le traité du contrat de cheptel servile, t. II, p. 196-340 ; 6° le traité du contrat de société, où l'on s'occupe principalement du mariage, t. II, p. 342-408 ; 7° le traité de la validité des contrats, t. III, p. 2-78. De ces sept traités, celui qui offre le plus de traces de l'influence ecclésiastique est le dernier, qui a été remanié pour permettre à l'église des acquisitions que l'ancien droit irlandais aurait rendu impossibles. En donnant la liste des mots d'origine latine que contient le texte du *Senchus Môr*, nous marquerons d'une astérisque les mots qui ne se rencontrent que dans le dernier traité. Nous faisons suivre chaque mot de l'indication du tome et de la page où il se trouve, et, quand il y a lieu, de l'indica-

(1) *Three irish Glossaries*, p. 41.

(2) Je n'entends pas contester que le onzième siècle ne nous fournisse des exemples des fromes caractéristiques du vieil irlandais : ainsi dans *Cogadh, Gaedhel re Gallaibh*, éd., Todd, p. 221, accord de l'adjectif au datif pluriel avec le nom : o *Danaraib dulgib durcridecaib*, « des Danois féroces et au cœur dur »; pronom infixe : *ro-s-tairbirdict fo cain* « ils leur imposèrent des redevances, p. 42. Voir aussi dans dans le *Psautier de Southampton* la glose : *imm-us-ascnat (obviaverunt sibi)*, Whitley Stokes, *Goidilica*, p. 60.

tion du document vieil irlandais où nous l'avons rencontré.

* *Abb*, gén. *abbad* « abbé », III, 14, 22, Tir. (1) Z², 257 (2);

Adaltrach, II, « adultère », 384, 404, cf. *adaltras* (*adulterium*), Wb. (3) 3², 787;

* *Almsan*, « aumône », III, 12, 24, Wb. Z², 776;

Altoir, « autel », I, 232, Wb. Z², 782. Tir. § 3;

Arm, « arme », I, 122, 150, 250, 268;

Cainnel, caindel, « chandelle », II, 246, 248, 250, 252; dérivé *candloir*, Wb. Z², 781;

Caindelbra, chandelier, I, 126;

* *Cell*, « église », III, 70, 76, Tir. n. 15;

Cis, rente, cens. I, 156, 230, III, 50, Sg. (4) Z², 42;

Clerec, I, 242, III, 14, hymne de Fiacc, v. 61 (5);

Cloch « cloche », I, 126, Tir. § 11;

Comna, « communion », I, 266, III, 32;

Cosrecad, cosecrad « consacrer, » III, 18, Tir. § 13;

Cuicel, « quenouille », I, 150;

Demàn, « démon », III, 18, 24, hymne de saint Patrice (6);

Diabul, « double », *passim*, Sg. Z², 980;

* *Domnoig*, « dimanche », III, 18;

Eclais, « église », *passim*, Wb. Z², 250.

Epscop, « évêque », I, 78, Wb. Z², 1032;

* *Geinti*, « les païens », III, 24, Wb. Z², 67;

Grad, « rang », *passim*, Wb. Z², 1032;

* *Liter*, « lettre », III, 28, 30, 59, Z², 979;

Manach, « moine », II, 344; III, 10, 34, 58, Tir. § 3;

Memr, « membre », II, 277, 290, III, 16, 34, 36, 38, Cam. (7) Z², 1005;

* *Merdrech*, « femme de mauvaise vie ». III, 24, 59., Wb. Z²,71, 811;

(1) Notes de Tirechan au livre d'Armagh, publiées par M. Whitley Stokes, *Goidilica*, 2ᵉ édition, p. 84-88, d'après le manuscrit original, de la première moitié du neuvième siècle, conservé au collège de la Trinité de Dublin.

(2) Zeuss-Ebel, *Grammatica celtica*, 2ᵉ édition.

(3) Glose irlandaise du *Saint Paul de Wurzbourg*, neuvième siècle.

(4) Glose irlandaise du *Priscien de Saint-Gall*, neuvième siècle.

(5) Cet hymne, publié par M. Stokes, *Goidilica*, 2ᵉ édition, p. 126, est conservé dans le *Liber hymnorum*, manuscrit de la fin du onzième siècle, appartenant au collège de la Trinité de Dublin. Mais cet hymne remonte évidemment beaucoup plus haut, vIIIᵉ ou IXᵉ siècle; la glose en est la preuve.

(6) *Liber hymnorum*, chez Stokes, *Goidilica*, 2ᵉ édition, p. 150.

(7) Manuscrit irlandais de la bibliothèque de Cambrai, neuvième siècle.

Mi Marta, « mois de mars », II, 238 ;

* *Oifrend,* offrande, III, 3 ;

Ord, « ordre », *passim.* 59, Z², 60 ;

Prim, « premier », I, 258, Wb. Z², 309 ;

* *Primite,* « prémices ; III, 12, 24, Z², 38, Wb. 32, 67 ;

* *Puiper,* « les pauvres », III, 18 ;

Port, « lieu, place », I, 122, 126, Wb. Z², 67 ;

* *Riagal,* « règle », III, 14, 36, Wb. Z², 18 ;

Scandal, « scandal », I, 174 ;

* *Tempul,* « temple, église », III, 18, Wb. Z², 768 ;

Test, « témoin », I, 266, 268, Wb. Z², 1032 ;

Uar, « heure », I, 194, (1) ; Z², 22 ;

Uinge, « once », III, 70, Tir. § 6.

Ces noms latins sont au nombre de 38 (2) dont 23 seulement dans les six premiers traités, et dont 15 ne se trouvent que dans le dernier, c'est-à-dire dans celui où l'intervention ecclésiastique se manifeste le plus fréquemment.

De la présence de ces mots latins dans le *Senchus Mór,* on ne peut rien conclure contre la date d'environ 800 où, suivant nous, il aurait été pour la première fois mis par écrit, puisque presque tous ces mots se rencontrent dans d'autres documents irlandais du neuvième siècle. La plupart appartiennent à la littérature ecclésiastique et ont dû arriver en Irlande avec le christianisme. D'autres sont une importation du commerce romain, comme *arm,* « arme » ; *caindel,* « chandelle » ; *caindelbra,* « chandelier » ; *cuicel,* « quenouille » ; *port,* le latin *portus* ; *uinge* « once ».

Le livre de Leinster, xii⁰ siècle, attribue à un personnage mort en 604, une pièce de vers écrite en irlandais et ainsi conçue :

Ce qu'est un merle à un cygne, une once à un grand poids,
Ce que sont les formes des paysannes comparées aux formes des reines
Ce que sont de petits rois comparés à Domnal, un beuglement
[comparé à un chœur,
Ce qu'est une torche auprès d'une chandelle, telle est l'épée des
[autres auprès de la mienne (3).

(1) Gloses irlandaises du manuscrit de Milan, coté Bibl. Ambros. C. 301, huitième siècle.

(2) Je n'ai pas compris dans cette liste les mots d'origine latine qu'on trouve dans l'introduction.

(3) Whitley Stokes, *Sanas Chormaic,* p. 10, 11. Cf. *Amra Choluim Chille,* édition de M. O'Beirne Crowe, p. 20.

L'auteur de ces vers avait pour la chandelle une admiration que nos contemporains ne partagent pas. Comme le *Senchus Mór*, il connaissait l'once.

L'usage de la balance est mentionné dans un fragment du cycle de Cúchulainn que nous a conservé le *glossaire* de Cormac. On y voit Fachtna, fils de Sencha, c'est-à-dire du juge d'Ulster au temps de Cúchulainn, mettre sur les plateaux d'une balance l'argent qu'il a reçu pour le prix de trois vaches (1). Suivant les notes de Tirechan au livre d'Armagh, neuvième siècle, saint Patrice, achetant une propriété en Irlande au cinquième siècle, l'aurait payée un certain nombre d'onces d'or et d'argent (2). Alors en Irlande l'or et l'argent n'étaient estimés qu'au poids, la monnaie y était inconnue.

Les mots d'origine latine que contient le texte du *Senchus Mór* sont donc intéressants pour l'histoire de la civilisation en Irlande; ils ne peuvent fournir un argument contre l'antiquité de ce vieux monument.

On ne peut non plus alléguer contre cette antiquité les termes de droit que le vieil irlandais possède en commun avec les langues germaniques. Du mot *orpe, orbe, arbe,* « héritage », le vieil irlandais ne nous donne pas d'exemples paléographiquement certains avant le neuvième siècle (3). De ce que ce mot est identique au substantif *arbi* d'Ulfilas, et de ce qu'Ulfilas écrivait au quatrième siècle, il ne faut pas conclure que les Irlandais l'aient emprunté aux Germains. Les races celtique et germanique possèdent en commun plusieurs termes importants pour l'histoire du droit. En vieil irlandais *dligim* veut dire « j'ai droit à ». Ce verbe se trouve plusieurs fois dans le *Senchus Mór;* le gallois et le breton de France le possèdent sous des formes plus ou moins altérées : ces deux langues ont perdu le *g* médial que l'irlandais a conservé. On dit par exemple *dleann* pour *dlegann* « je dois » *dlé* pour *dleg* « une » dette en breton; or chez Ulfilas

(1) Whitley Stokes, *Sanas Chormaic*, p. 72-101. Sur Fachtna; voir la légende de l'épée de Cúchulainn, chez O'Curry, *On the Manners*, II, 322, et la glose du *Senchus Mór*, t. I, p. 18, 22.

(2) Voir le texte chez Whitley Stokes, *Goidilica*, 2ᵉ édition, p. 85, et la traduction p. 90.

(3) *Grammatica celtica*, 2ᵉ édition, p. 4.

la dette s'appelle *dulg-s*. Le mot qui veut dire otage en vieil irlandais est *giall*; dans le *Senchus Môr*, ce terme se présente deux fois (1), et, comme en vieil irlandais l's entre deux voyelles tombe toujours, *giall* paraît être le même mot que le vieux haut allemand *gîsal* et que l'anglo-saxon *gîsel*. Voilà trois termes de droit communs au vieil irlandais et aux langues germaniques et qui sont étrangers au reste des langues indo-européennes. Est-ce la race germanique qui les a empruntés à la race celtique, est-ce la race celtique qui les a empruntés à la race germanique et à quelle date l'emprunt a-t-il eu lieu ?

La question de date est celle que nous allons essayer de résoudre. La liste des mots communs aux langues celtiques et aux langues germaniques et qui sont inconnus aux autres membres de la grande famille indo-européenne ne se compose pas seulement des termes de droit que nous venons de signaler. Cette liste comprend des mots qui dans les langues germaniques ont subi la déformation connue sous le nom de loi de Grimm, en allemand « *laut-verschiebung* », en français « substitution des consonnes », espèce de maladie organique qui a donné aux langues germaniques une sorte de physionomie à part dans le monde indo-européen : tels sont :

1° Le gaulois *catu-*, en vieil irlandais *cath* « combat », — forme germanique *hathu-*. (2)

2° Le gaulois *marca-* « cheval », connu de Pausanias au second siècle de notre ère, en vieil irlandais *marc*=*marca-s*; forme germanique *marha* (3).

3° Le gaulois *dûno-*, en vieil irlandais *dûn* « forteresse », forme germanique *tûna-* (4).

4° Le thème celtique *lâigi-*, *légi-*, en vieil irlandais *liaig* « médecin », forme germanique *lêki-* (5).

Les thèmes celtiques *catu-*, *marca-*, *dûno-*, *lâigi-*, ont pé-

---

(1) T. II, p. 132, 136. On trouve aussi le dérivé *giallne*, II, 222, 282, et le composé *cet-giallne*, II, 268, 274, 276.

(2) Fick, *Vergleichendes Woerterbuch*, 3ᵉ édition, t. III, p. 60.

(3) *Ibidem*, p. 234.

(4) Fick, *ibid.*, p. 122.

(5) Fick, *ibid.*, p. 261. Le vieux slave *leku*, médecine, est emprunté aux langues germaniques, dont il possède le *k* = *g*.

nétré dans les langues germaniques au plus tard à l'époque où la substitution des consonnes s'y est opérée, puisqu'ils l'ont subie. Or, la substitution des consonnes dans les langues germaniques était au premier siècle de notre ère un phénomène réalisé, comme l'attestent les mots germaniques conservés par Tacite et Pline ; il était terminé et n'atteignait plus les mots d'emprunts comme le prouvent les mots latins tels que *kaisar* (*caesar*), *karkara* (*carcer*) qu'on trouve chez Ulphilas et dans les langues germaniques où ils ont pénétré sans altération de leurs consonnes ; ainsi à une époque antérieure au premier siècle de notre ère, il y a eu entre la race celtique et la race germanique des relations auxquelles le reste de la race indo-européenne est resté étranger, et ces relations dont les Irlandais ont porté au fond de leur île l'empreinte gravée dans leur vocabulaire, ont trouvé leur expression dans un certain nombre de mots communs aux deux familles de langues, à la famille celtique et à la famille germanique.

Dans la liste de ces mots on est en droit de placer, outre ceux qui ont déjà été cités, le gaulois *vidu-* en vieil irlandais *fid* « bois », dont la forme germanique est *vidu-* (1) ; le gaulois *isarno*, en vieil irlandais *iarn* « fer » dont la forme germanique est *eisarna-*, termes que la substitution des consonnes ne pouvait atteindre (2).

Tous ces mots nous font remonter à l'époque reculée ou les Celtes dominant au centre de l'Europe y tenaient les Germains sous le joug, c'était environ trois siècles avant notre ère. Les Germains avaient reçu ces mots des Celtes, ou, ce qui est moins probable, les leur avaient fait adopter, quand ils ont défiguré par la substitution des consonnes ceux de ces mots qui tombaient sous l'application de cette loi phonétique spéciale à leur langue.

Pour relever dans la loi irlandaise un emprunt relativement moderne aux langues germaniques, il faut sortir du texte du *Senchus Môr*, arriver à la glose : là on trouve l'usage de la monnaie, que le texte du *Senchus Môr* ignore, et un des deux noms de monnaie que l'on rencontre est d'importa-

(1) Fick, *ibid.*, p. 301.
(2) Fick, p. 32.

tion germanique, c'est le *pingin* qui est le *penny* des Anglais, le *pfenning* des Allemands modernes, le *penning* des Suédois.

Ainsi de la comparaison du vocabulaire du *Senchus Môr* avec le vocabulaire latin, et avec le vocabulaire germanique il ne résulte rien qui contredise la date à laquelle, suivant nous, le texte de ce monument de droit aurait été pour la première fois fixé par l'écriture.

Section VI. — *Conclusion.*

Nous n'avons aucune raison pour rejeter la tradition attestée par le texte du *Senchus Môr* dans le septième des traités qui le composent (1), rappelée avec plus de détails dans l'introduction (2) et reproduite par le glossaire de Corneac (3). Le *Senchus Môr* est l'œuvre d'une commission de neuf personnes : trois rois dont Laégaire, qui régna sur l'Irlande de 428 à 458, trois évêques dont saint Patrice, trois savants jurisconsultes irlandais, dont Dubhtbach Mac Ua Lugair. Conservé de mémoire, comme le reste de la littérature nationale, pendant la période ogamique de la langue irlandaise, le *Senchus Môr* fut mis par écrit vers l'an 800 de notre ère comme un grand nombre d'autres monuments de cette littérature. Ce sont les neuf commissaires qui dans quelques passages du *Senchus Môr* prennent la parole à la première personne du pluriel : *doruirmisium* « nous avons énuméré » (t. II, p. 274), *roraidsem* « nous avons exposé » (t. II, p. 342), *rubartmar*, « nous avons dit » (t. II, p. 390). Ce sont eux qui s'adressent au lecteur à la seconde personne du singulier parlant du crime « de ta fille, de ton petit-fils, « de ta femme à gages..... (4) ». La langue dans laquelle le *Senchus Môr* nous est parvenu jusqu'à nous, n'est pas celle du cinquième siècle. Ce document législatif, conservé de mémoire pendant près de trois siècles, a, durant cette période, subi toutes les transformations phonétiques qui se

(1) *Anciens laws of Ireland*, t. III, p. 26-32.
(2) *Ibid.*, t. I, p. 16.
(3) Whitley Stokes, *Three irish Glossaries*, p. 31-32. Cf. *Annales des quatre Maitres*, édition d'O'Donovan, t. I, p. 132 ; *Chronicon Scotorum*, édition Hennessy, p. 22.
(4) T. I, p. 156, cf. p. 162, 166.

sont produites alors dans la langue de l'Irlande. Ecrit vers l'an 800, il a continué à s'altérer sous la plume des scribes, mais lentement et en gardant jusqu'à nous certains des caractères distinctifs du vieux dialecte néo-celtique usité en Irlande à l'époque où pour la première fois une plume l'a fixé sur le parchemin.

TROISIÈME MÉMOIRE

LA HIÉRARCHIE SOCIALE EN IRLANDE

Le nom de la race irlandaise dans le *Senchus Mór* est *Fêné*. Dans le texte de ce document, le droit s'appelle deux fois la vérité des *Fêné* (1), une fois le jugement des *Fêné* (2) ; dans l'introduction on l'appelle « langue des *Fêné* » (3). « Chez les *Fêné* » est dans le texte une expression souvent répétée pour dire : « Suivant le droit irlandais » (4). A côté de ce sens large, *Fêné* a un autre sens plus étroit ; il veut dire « le menu peuple » par opposition à la classe plus restreinte et plus haute des *Némé*. Quand un *Fêné*, créancier d'un *Némé*, ne peut obtenir le paiement de ce qui lui est dû, il va respectueusement jeûner à la porte de son débiteur : il n'a pas d'autre moyen de contrainte à sa disposition (5).

Les *Némé* sont donc la classe supérieure de la société irlandaise. On y distingue deux catégories. La première est con-

(1) *Fir Fene*, *Ancient laws of Ireland*, I, 150 ; *fir Feiniu*, I, 250.

(2) *A fuigiul Fene* « par jugement des Fêné », I, 118.

(3) *Berla Feini*, I, 16-17 ; *Glossaire* de Cormac au mot *Noes*.

(4) I, 84, 90, 116, 118, 144, 240 ; II, 6, 344, 356 ; III, 58.

(5) I, 112. On dit *neme* au nominatif singulier. Le génitif est *nemed* = *nemetas*. *Fêné* est opposé à *flaith* (les riches) dans la formule : *Corus flatha, corus fine, corus feine* ; « législation des contrats qui concernent la *flaith* (les riches), le *fine* (la famille), les *Fêné* (la plèbe), t. III, 6. *Fêné* dérivé de *fian*, = *vénos* « héros », paraît synonyme de Οὐεννί-κνιοι, « fils de *Vennos*, » nom d'un peuple de l'Irlande septentrionale chez Ptolémée, l. II, c. II, § 3, au second siècle de notre ère.

nue sous le nom de *flaith*. *Flaith* est un nom féminin qui veut dire « souveraineté, gouvernement, puissance ». La *flaith*, ce sont les riches, c'est-à-dire ceux à qui appartient le bétail, élément fondamental de la fortune à ces époques reculées. Outre la *flaith* « les riches », on comprend parmi les *Némé* une seconde catégorie d'hommes, les *fer dâna* (1) « les hommes d'art, » ceux qui, sans posséder de bétail, ont une profession lucrative et par elle s'élèvent au-dessus du vulgaire des *Féné*. Au nombre des hommes d'art on compte les ecclésiastiques qui occupent la place tenue par les Druides dans la société payenne ; viennent ensuite les *filé* dont le nom veut dire « voyants », qui sont les représentants de la science profane en général, spécialement de la poésie. Parmi les *filé* on range les *brithem* qui ont la spécialité du droit et qui semblent quelquefois former un groupe distinct. Les musiciens, les forgerons, les ouvriers en bâtiments, les guerriers de profession sont encore des *fer dâna* ou « hommes d'art » et par conséquent ils rentrent dans la classe privilégiée des *Némé*.

Mais parmi les *Némé*, c'est la *flaith*, c'est-à-dire ce sont les riches qui tiennent la première place. Le *Senchus Môr* distingue parmi eux sept rangs ou degrés, *slicht* (2). Le plus élevé est celui des rois. « Le témoignage d'un roi l'emporte « sur tous les témoignages : sa déclaration décide de toute « espèce de droit à moins qu'il ne s'agisse de ses égaux en « dignité : ou d'un maître des sciences, ou d'un évêque ou « d'un pèlerin » (3).

Au-dessous du roi les membres de la *flaith* portaient le nom d'*airé*, que la *Grammatica celtica* traduit par *primas*, et qui suivant le *Glossaire* de Cormac est un terme générique pour désigner toute chose élévée (4). Voici la liste des *airé*. Nous leurs donnons des numéros d'ordre qui vont de deux à sept. Le roi porte le numéro un.

(1) *Ancient laws of Ireland*, t. III, p. 48.
(2) *Flaith-slechta*, t. III, p. 14, pourrait se traduire par hiérarchie de noblesse, si la *flaith* était identique à ce que nous appelons « noblesse ».
(3) *Forbrisé ri cacha fiadnaise*, etc., *Ancient laws of Ireland*, t. I, p. 78.
(4) *Three irish glossaries*, p. 3.

2. *Airé-forgill* ;

3° *Airé-tuisi* ;

4° *Airé-ard* ;

5° *Airé-désa* ;

6° *Bo-airé* ;

7° *Oc-airé.*

Cette liste se trouve deux fois dans le *Senchus Môr* (1).

Il est évident qu'en la dressant les jurisconsultes irlandais ont été dirigés par le désir de retrouver dans la *flaith* irlandaise les degrés des ordres ecclésiatiques qui sont comme on sait au nombre de sept : quatre mineurs et trois majeurs (2).

Mais il y a dans le texte du *Senchus Môr* un passage où la vérité juridique, triomphant de l'esprit de système, exclut de la *flaith* les deux rangs inférieurs de la liste, les *bo-airé* et *oc-airé.* Il y est question du « droit de la *flaith* à commencer « par l'*airé désa* pour finir par le roi ». Ce droit consiste en une autorité sur l'objet appelé au nominatif singulier, *deis*, génitif *désa*, qui est quelque chose d'analogue aux vassaux du droit féodal (4).

L'objet appelé *dei* que nous traduirons donc, si l'on nous

(1) Notre liste reproduit littéralement celle qui est imprimée dans *Ancient laws of Ireland*, t. III, p. 42. Au tome II, p. 386, la même liste se trouve déjà, mais avec cette différence que, par erreur, l'*airé-tuise* a été placé après l'*airé-ard.* J'ai écrit avec intention *ôc-airé* avec un *c* pour *og-airé* par un *g*, forme corrompue que nous offre le texte imprimé.

(2) Le *Crith gablach, On the manners*, t. III, p. 497-499, donne à l'*airé-tuisi* le pas sur l'*airé-ard.* Depuis l'époque où ces lignes ont été écrites, M. Richey a donné une nouvelle édition du *Crith gablach* dans *Ancient laws of Ireland*, t. IV, p. 298-341. Les passages auquel nous renvoyons ici se trouvent aux pages 320-324.

(3) La glose désigne les rangs de la *flaith* par le mot *grad* qui est emprunté au droit canonique, et identique au latin *gradus.*

(4) Tome I, p. 230. Le mot *deis* se trouve aussi dans le *Senchus Môr*, tome II, p. 316 et 328 et t. III, p. 20. Suivant le glossateur, *deis* signifie à la fois *célé* « vassal » et *fearand* « terre ». C'est aussi l'opinion d'O'Davoren, *Three irish glossaries*, p. 73 et 76. Mais au second de ces deux passages, *deis* est opposé à *tir* « terre. » Il est question d'un homme qui vend son *tir* (terre), son *deis* et même son corps pour être réduit en esclavage. *Deis* ne peut signifier terre dans ce passage. Ailleurs, p. 73, *deis* désigne un corps de troupes. *Deis* ne vint à désigner une terre donnée en fief qu'à l'époque où la féodalité s'introduisit en Irlande.

— 60 —

permet, par « vassaux », n'appartient qu'aux cinq degrés
supérieurs de la *flaith* :

1° *Ri*, « roi » ;
2° *Airé-forgill* ;
3° *Airé-tuisi* ;
4 *Airé-ard* ;
5° *Airé-désa* (1).
Il se suit de là que les deux degrés inférieurs,
6° *Bo-airé*,
7° *Oc-airé*,

tiennent entre la *flaith* et la plèbe une situation intermédi-
aire et peuvent être classés ou dans l'une ou dans l'autre
suivant les circonstances.

Pour mieux comprendre le *Senchus Môr*, nous nous aide-
rons d'un autre document juridique que nous croyons presque aussi ancien malgré la date récente du manuscrit qui
nous l'a conservé. Le manuscrit H. 3. 18 de la bibliothèque
du collège de la Trinité de Dublin, bien que du commencement du seizième siècle, contient une copie d'un
traité de droit public irlandais dont l'antiquité est attestée
par les nombreux exemples qu'il nous offre des formes
grammaticales de l'ancien irlandais. C'est le *Crith gablach* (2)
qui a été publié en 1873 dans le troisième volume du livre
d'O'Curry intitulé : *On the manners and customs of the ancient Irish*. Or ce traité déclare formellement que la *flaith*
commence à l'*airé désa* (3).

Voici sa liste des degrés dans l'ordre desquels se rangent

____

(1) *Recht... flatha ôtha airig-desa co-ruice rig. Cid ar in-rechtai-som?
Ninsa. Ar is rechtaid cach for a deis fodeisin, cid bec, cid môr.* Droit de
flaith depuis l'*airé-désa* jusqu'au roi. Pourquoi donc ces droits ? Parce que
chacun exerce un droit sur son *deis* qu'il soit petit ou qu'il soit grand. —
Ancient laws of Ireland, 1, 230.

(2) *Crith gablach* veut dire littéralement « prix branchu. » L'auteur explique qu'il appelle son traité *Crith*, « prix, prix d'achat, » parce que c'est
la fortune acquise par un homme dans son canton, qui dans ce canton
élève cet homme aux rangs supérieurs de la société. Quant à l'adjectif
gablach « branchu », il se justifie à ses yeux parce que les rangs sociaux
peuvent être considérés comme les branches d'un arbre.

(3) O'Curry, *On the manners*, t. III, p. 493; *Ancient laws of Ireland*, t. IV,
p. 320.

les hommes qui habitent chacune des subdivisions territo-
riales dites *tuath* :

1° *Roi* ;
2° *Airé-forgill* ;
3° *Airé-tuise* ;
4° *Airé-ard* ;
5° *Airé-désa* ;
6° *Bo-airé* ;
7° *Fer-midba* (1).

Les cinq premiers seuls de ces degrés appartiennent à la
flaith suivant l'auteur du *Crith gablach* qui, sur ce point, est
en accord parfait avec le *Senchus Môr*. Les deux listes ne
diffèrent que sur un point. L'auteur du *Crith gablach*, vou-
lant comprendre, dans ses sept noms, un degré inférieur aux
airé, a mis au septième rang à la place de l'*óc-airé* le *fer-midba*
que le *Senchus Môr*, d'accord avec le *Crith-Gablach*, place au
dernier rang de l'échelle sociale. *Fer-midba* est un des noms
de la plèbe irlandaise (2).

Le pivot de la théorie de cette hiérarchie sociale dans le
monde celtique est la doctrine de l'*énech-lann* ou *lôg-énech*.
Enech veux dire « face » « visage » et par extension « honneur » à cause de l'altération que l'insulte produit sur le visage de l'homme insulté ; *lann* et *lôg* signifient « prix ».
L'insulte qui altère les traits d'un homme donne à cet homme
le droit de recevoir une indemnité, et cette indemnité s'appelle *énech-lann* ou *lôg-énech*, c'est-à-dire prix du visage.
Cette doctrine est commune à tous les rameaux de la race
celtique : on la trouve dans les lois galloises et dans le droit
breton de France. Le mot qui exprime l'idée de l'*énech-lann*
d'Irlande, dans la législation galloise et bretonne, s'écrivait
au neuvième siècle *enep-wert*, dans une charte conservée
par le *Cartulaire de Redon* (3) : *Enep-wert* comme *énech-lann*
veut dire « prix de la face », « prix du visage ». Il n'entre pas

---

(1) O'Curry, *On the manners*, t. III, p. 467, *Ancient laws of Ireland*,
t. IV, p. 298. Le texte irlandais est la base sur laquelle je m'appuie. Les
critiques feront bien de se défier de la traduction.
(2) *Ancient laws of Ireland*, II, 258.
(3) *Cartulaire de l'abbaye de Redon* par Aurélien de Courson, p. 184.

dans notre sujet de donner ici le détail des formes plus modernes de ce mot et de son emploi dans le droit de la Bretagne et du Pays de Galles. Revenons à l'Irlande (1).

Le tarif de l'*énech-lann* a pour base la dignité de l'insulté ; et, qu'il s'agisse de la *flaith* ou de la plèbe, le principe est le même, la dignité de chacun se règle sur sa fortune. Naturellement quand il s'agit des *fer dâna*, c'est-à-dire du clergé, des *filé* ou savants, des hommes qui doivent à leur profession leur rang dans la société, le principe s'entend d'une façon différente : mais ici nous nous occupons de la *flaith* et de la plèbe.

Voici le tarif de l'*énech-lann*, c'est à dire des sommes dues pour insulte grave aux hommes qui occupent les différents degrés de la hiérarchie sociale :

1° ri

A. *Ri-ruirech*, ou roi suprême d'Irlande, 28 *cumal*, c'est-à-dire femmes esclaves ou leur valeur qui est pour chaque femme de trois vaches ou de six bêtes à cornes de qualité moyenne, sêt (2).

B. *Ruirech*, ou roi d'une des cinq grandes provinces d'Irlande, 21 *cumal* (3) ;

C. *Ri-tuaithé*; roi d'une des *tuath* ou petites provinces dont se composait chacune des cinq grandes provinces, sept *cumal*. Il paraît y avoir eu en Irlande vers le huitième siècle de notre ère 184 *tuath* (4).

2° *Airé-forgill*, 30 *sêt* ou bêtes à cornes (cinq *cumal*) ;

3° *Airé-tuisi*. 20 *sêt* (trois *cumal* un tiers) ;

(1) J'ai traité sommairement ce sujet dans la *Bibliothèque de l'école des chartes*, t. XL (1879), p. 200-201.

(2) Voir sur la valeur de la vache la glose du *Senchus Môr*, t. II, p. 276. Dans le texte de cette page du *Senchus*, le mot *cumal* signifie non monnaie de compte valant trois vaches, mais amende, indemnité.

(3) *Senchus Môr* dans *Ancient laws of Ireland*, t. II, p. 224, cf. p. 226. Suivant le *Crith gablach*, l'*énech-lann* du *ri ruirech* n'est que de quatorze *cumal*.

(4) Poème de Fintan, cité *On the manners*, t. I, p. xcvi à c; Giraldus Cambrensis, mort au commencement du treizième siècle, en compte 176 qu'il appelle *cantred*, *Topographia hiberniae*, Dist. I, c. vii : *Giraldi cambrensis opera*, t. V, p. 31.

4° *Airé-ard,*   15 *sét* (deux *cumal* et demie) ;
5° *Airé-désa,*   10 *sét ;*
6° *Bo-airé,*   5 *sét ;*
7° *Oc-airé,*   3 *sét* (moitié d'une *cumal*).

Pour le *fer-midba*, le plébéien proprement dit, l'*énech-lann* consistait en une seule bête à corne (sixième d'une *cumal*) (1).

Quelle est la base de ce tarif? Quand il s'agit des rois, cette base est arbitraire. Mais quand il s'agit des degrés inférieurs aux rois, c'est différent. De l'*airé-forgill* à l'*airé-désa*, l'*énech-lann* est proportionnel au nombre des vassaux de l'insulté : au-dessous de l'*airé-désa* l'*énech-lann* est proportionnel à la quantité de bétail que possède l'insulté.

C'est le principe posé par le *Crith gablach*. « D'où vient le « nom de l'*airé-désa?* De ce que l'*airé-désa* est payé propor- « tionnellement à son *deis* (c'est-à-dire au nombre de ses « vassaux). Il n'en est pas ainsi du *bo-airé*. Celui-ci est payé « proportionnellement au nombre des vaches qu'il pos- « sède » (2)

Lorsqu'il est question du *bo-airé* et même aussi de l'*óc-airé* la règle paraît être que l'*énech-lann* est un nombre de bêtes à cornes égal à la moitié moins une des vaches que possède l'insulté. L'*óc-airé* a sept vaches : quand on lui adresse une insulte grave on doit lui donner comme réparation trois bêtes à cornes. Tel est le montant de son *énech-lann* (3).

Le *bo-airé* a douze vaches, l'*énech-lann* auquel il a droit est de cinq bêtes à cornes (4).

Pour les hommes qui occupent les rangs supérieurs de la hiérarchie sociale, depuis l'*airé-désa* inclusivement en remou-

(1) De ces chiffres le seul qui nous soit donné formellement par le *Senchus Mór* est celui qui concerne l'*óc-airé*. Mais en comparant le tarif des legs donné par le *Senchus Mór*, t. III, p. 42, avec le tarif de l'énech-lann donné par le *Crith-gablach*, j'ai reconnu que ces deux tarifs sont identiques, sauf quand il s'agit de l'*airé-forgill* pour lequel le *Crith gablach* par une erreur évidente fournit le chiffre de 15 au lieu de 30.

(2) O'Curry, *On the manners*, t. III, p. 494 ; *Ancient laws of Ireland*, t. IV, p. 320. *Bo-airé*, veut dire riche en vaches.

(3) O'Curry, *On the manners*, t. III, p. 479, 481 ; *Ancient laws of Ireland*, t. IV, p. 305-306.

(4) O'Curry, *On the manners*, t. II, p. 484 ; *Ancient laws of Ireland*, t. IV, p. 308. Le *Crith gablach*, dans ce passage, désigne sous le nom de *bo-airé febsa* le *bo-airé* du *Senchus Mór*.

tant jusqu'au roi exclusivement, l'*énech-lann* se compose de deux éléments : 1° un nombre de bêtes à cornes égal à celui de leur vassaux; 2° un chiffre fixe de cinq bêtes à cornes. Ainsi l'*airé-désa* a cinq vassaux, c'est par vassal que je traduis les noms irlandais de *ceilé giallna* ou *daer-ceilé*, portés par les hommes qui composent son *deis*. Pour les cinq maisons de ses vassaux il a droit à cinq bêtes à cornes ; pour la sienne, il a droit à cinq autres bêtes à cornes; total dix bêtes à cornes (1); c'est le montant de son *énech-lann*, c'est-à-dire de l'indemnité qu'il a droit d'exiger dans les cas où il est atteint par les injures graves que la coutume prévoit. L'*énech-lann* de l'*airé-ard* s'explique de la même façon ; l'*airé-ard* a dix vassaux, cela lui donne droit à dix bêtes à cornes, auxquels il faut en joindre cinq pour sa maison, total quinze (2). De même pour l'*énech-lann* de l'*airé-tuisi* ; cet *énech-lann* est de vingt bêtes à cornes parce que l'*aire-tuisi* a quinze vassaux et, que quinze plus cinq égalent vingt (3).

La théorie de l'*énech-lann* est donc un des éléments fondamentaux de la théorie de la *flaith* : elle est aussi une des bases du genre de féodalité spécial à l'Irlande, si tant est que l'expression de féodalité puisse donner une idée exacte de l'institution dont nous allons parler. Un des principaux éléments de cette institution est le cheptel, presque exactement le cheptel simple du Code civil, articles 1804-1817.

Mais le cheptel simple ne suffit pas en Irlande pour créer la vassalité. L'homme qui reçoit purement et simplement un cheptel simple devient l'associé libre du bailleur, il devient *soer-celé* (4). Pour que le cheptel simple fasse du preneur un associé non libre du bailleur, un *doer-celé*, — c'est le mot que nous avons traduit par vassal, — il y a une condition préalable

---

(1) O'Curry, *On the manners*, t. III, p. 496-497 ; *Ancient laws of Ireland* t. IV. p. 322. Outre le mot *énech-lann*, ce passage emploie le mot *dire*, au datif *diriu*, comme équivalent d'*énech-lann*; on dit en gallois *dirwy*.

(2) O'Curry, *On the manners*, t. III, p. 498 ; *Ancient laws of Ireland*, t. IV, p. 324.

(3) O'Curry, *On the manners*, t. III, p. 499 ; *Ancient laws of Ireland*, t. IV, p. 324. Pour l'*airé-forgill*, les chiffres ne concordent pas, il doit y avoir une erreur.

(4) *Saer* dans le *Senchus Môr* est une forme corrompue pour *so-er* = *so-fer* qui veut dire *bonus vir*; *daer* est également une forme corrompue pour *do-er* = *do-fer*, *malus homo*.

à remplir, le bailleur doit payer l'*énech-lann* du preneur ; il doit lui payer la somme qu'il lui devrait comme indemnité s'il l'avait insulté gravement. L'*énech-lann* en ce cas prend le nom de *sét turcluidé* et le cheptel celui de *taurcreic*. Le *deis* d'un personnage se compose des hommes qui sont devenus ses *doer-célé* ou associés non libres en recevant de lui : 1° les *sét turcluidé* qui sont le prix de leur honneur, 2° un cheptel dit *taurcreic* (1). Le montant du *taurcreic* dépend de la dignité de celui qui le reçoit. D'accord sur ce principe, le *Senchus Môr* et le *Crith gablach* ne s'accordent pas complètement sur les détails du tarif, que d'ailleurs le *Sanchus Môr* ne donne qu'en partie.

QUALITÉ du PRENEUR DU CHEPTEL	MONTANT du CHEPTEL OU *TAURCREIC* dans LE *CRITH GABLACH*	MONTANT du CHEPTEL OU *TAURCREIC* dans LE *SENCHUS MOR*
1° Roi de *tuath*	12 *cumal.*	....
2° *Airé-forgill*.........	9 —	....
3° *Airé-tuise*..........	8 —	....
4° *Airé-ard*...........	7 —	....
5° *Airé-désa*..........	6 —	....
6° *Bo-airé*...........	12 vaches.	30 *sét.*
7° *Oc-airé*...........	8 —	16 *sét* ou 8 vaches.
8° *Fer-midbad*.......	5 *sét.*	12 *sét* ou 6 vaches (2)

Ces variantes de tarif n'ont pas d'importance.

Quand le preneur du cheptel avait reçu le prix de son honneur, un des principaux effets du contrat conclu entre le bailleur du cheptel et le preneur était de donner au premier le droit d'aller en compagnie manger chez le second une certaine quantité d'aliments qu'on appelait *bés*, c'est-à-

______

(1) *Taurcreic* veut dire prix d'achat. Ce terme est spécial au cheptel reçu par le *doer-célé*. Le terme générique qui désigne le cheptel est *rath* : ce terme s'emploie pour le cheptel reçu par le *doer-célé*, comme pour le terme reçu par le *doer-célé*. Voir O'Davoren au mot *Turcreic* dans *Three irish glossaries*, p. 118 ; et chez Windisch, *Irische Texte*, voir le mot *Terfochricc*.

(2) *Ancient laws of Ireland*, t. II, p. 254-260.

dire coutume. Cette quantité d'aliments était proportionnée
à la dignité du preneur savoir :

1ª Roi de *tuath*,   7 vaches ;
2º *Airé-forgaill*,   5   —
3º *Airé-truisi*,   4   —
4º *Airé-ard*,   3   —
5º *Airé-désa*,   2   —
6º *Bo-airé*,   1   —
7º *Oc-airé*, un veau d'un an ;
Fer-midbad, un mouton.

Telle était la quantité d'aliments que le preneur du cheptel, recevant la visite du bailleur, devait offrir à ce dernier.
Voilà du moins le tarif du *Crith gablach* ; le *Senchus Môr* ne
mentionne que les trois derniers de ces huit articles et si
son tarif est le même pour le *bo-airé*, il est un peu plus élevé
pour *l'óc-airé* dont il remplace le veau d'un an par un veau
de deux ans, et pour le *fer-midbad* dont il remplace le mouton par un veau d'un an (1).

Dans le *Senchus Môr* il n'est pas question de *taurcreic* ou
cheptel reçu par les dignitaires supérieurs au *bo-airé*, on n'y
trouve pas d'indication relative au tarif des aliments qu'auraient fourni au bailleur du cheptel ces même dignitaires. Il
est vraisemblable que les membres de la *flaith* contrac-
taient rarement le contrat de cheptel qui les aurait réduits
au rang de *doer-célé* ou vassaux. Ce que les tarifs sont avant
tout, c'est le développement logique du principe constitu-
tif de la société irlandaise. Les jurisconsultes irlandais sont
souvent plus préoccupés de la théorie que de la pratique
et que des faits réels.

Le *Senchus Môr* lui-même en donne un exemple curieux.
Partant de ce principe que préalablement au bail à cheptel
qui est le fondement du vasselage irlandais le preneur doit
recevoir le prix de son honneur, qui alors porte le nom de
sét turcluidé, il en conclut que si le roi suprême d'Irlande
était preneur dans un tel bail à cheptel ses *sét turcluidé*
seraient fort élevés. En effet, dit-il, pour payer au roi suprême d'Irlande, ses *sét turcluidé*, il faudrait lui donner en

(1) *Ancient laws of Ireland*, t. II, p. 258-260.

bétail la valeur de vingt-huit *cumal* ou femmes esclaves. Mais reprend un glossateur, qui a pu donner au roi suprême d'Irlande ces *sét turcluidé* ? Le savant irlandais n'hésite pas à répondre c'est le roi des Romains (c'est-à-dire l'empereur d'Allemagne), à moins que ce ne soit le primat d'Irlande successeur de Saint-Patrice (1).

Il n'y a point à s'arrêter à ces théories ; ce sont des conceptions auxquelles rien ne correspond dans les faits.

Dans la pratique, le cheptel, même celui qui, n'étant point précédé par le paiement du prix de l'honneur, ne produisait pas le vasselage, n'était reçu par aucune personne de rang supérieur à celui de *bo-airé*. Le preneur de cheptel qui ne s'était pas fait préalablement payer le prix de son honneur, conservait son indépendance, il était *soer-célé*, associé libre, et non *doer-célé*, associé privé de liberté ; il pouvait, quand il voulait, rompre le contrat qui le liait au bailleur. Cependant en acceptant un cheptel, le *soer-celé*, l'associé libre s'était placé dans une situation subordonnée. Si théoriquement le *soer-célé*, l'associé libre, pouvait appartenir à la *flaith*, en fait il lui était étranger ; il était *aithec*, mot qui veut dire débiteur (2), débiteur de cheptel : or *aithec* s'oppose à *flaith*. Dans la section du *Senchus Môr* qui traite des cas où le contrat de cheptel n'est pas précédé du payement de l'honneur, *flaith* sert à désigner le bailleur, *aithec* le preneur (3). Dans le livre d'Armagh, ms. du neuvième siècle, l'auteur racontant une donation obtenue par saint Patrice ajoute : la *flaith* et l'*aithec* l'accordèrent (4). L'*aithec* donc ne fait point partie de la *flaith* et cependant le titre qu'il porte, *soer* ou « homme libre » est le signe caractéristique d'une situation bien supérieure à celle du *doer-célé*, qui avant de recevoir un cheptel, a aliéné sa liberté en recevant le prix de son honneur (5). A plus forte rai-

(1) *Ancient laws of Ireland*, II, 224. Cette glose contient une allusion à l'occupation de Dublin, Waterford et Limerik par les Scandinaves. Cette occupation commença au neuvième siècle.

(2) Voir la glose, *Ancient laws of Ireland*, t. I, p. 40.

(3) *Ancient laws of Ireland*, t. II, p. 200, 210, 212, 214.

(4) Whitley Stokes, *Goidilica*, 2ᵉ édition, p. 84.

(5) La situation spéciale du *doer-celé* s'appelait *aigillné*. Voici la définition de l'*aigillné* dans le *Glossaire* de Cormac chez Whitley Stokes. *Three*

son il y a une distance énorme entre l'*aithec* et l'esclave, *mug* (1) quand c'est un homme, *cumal* quand c'est une femme (2), l'esclave qui se vend et s'achete (3) et qui occupe le dernier degré de l'échelle sociale, au-dessous du *doer-celé*.

Nous avons donc au-dessous de la *flaith* le *bo-airé*, l'*óc-airé*, le *fer-midba*, qui peuvent rester indépendants ou se mettre dans la dépendance de la *flaith*, et qui s'ils se mettent dans sa dépendance, peuvent soit garder une certaine liberté en devenant *aithec* ou *soer-célé*, « associés libres, » soit perdre leur indépendance en devenant *doer-célé*, « associés privés de liberté. » En dernier lieu viennent les esclaves males, *mug*, et les esclaves femelles, *cumal* (4).

Il me semble avoir montré d'une façon suffisamment claire ce que c'est que la *flaith*, et en quoi consiste le principe de la hiérarchie sociale irlandaise; il me reste à dire un mot de deux conséquences que produisait l'existence de cette hiérarchie. D'abord ceux qui occupaient les degrés supérieurs de cette hiérarchie avait le droit de se faire accompagner par une suite plus ou moins nombreuse suivant le rang auquel ils appartenaient. Le *Senchus Môr* et le *Crith gablach* ne sont pas d'accord sur le détail des chiffres, mais ce dissentiment a peu d'importance.

irish glossaries, p. 5 : Dès qu'un homme a donné à un autre des *sét tur-cluidé*, c'est-à-dire le prix de l'honneur de ce dernier, le second en conséquence de ce qu'il a reçu des *sét* du premier doit lui fournir caution (*gillne*), puis recevoir à nouveau de lui des *sét* (ou cheptel) à charge de lui donner les repas auxquels ont droit les *airé*, c'est-à-dire les chefs.

(1) *Ancient laws of Ireland*, t. I, p. 81, 101, 162, 232; t. III, p. 30, 36, 58.

(2) *Ibid.*, t. I, p. 124, 162.

(3) *Homélie sur sainte Brigite*, chez Whitley Stokes, *Three middle irish homilies*, p. 52, 54, 63, 64.

(4) L'insolvable devenait esclave de son créancier. *Vie latine de sainte Brigite*, c. xviii, chez Windisch, *Irische Texte*, p. 47. La situation des classes inférieures en Irlande était celle que décrit pour la Gaule César, *De Bello gallico*, l. VI, c. xiii.

	SUITE d'après LE *CRITH GABLACH*	SUITE d'après LE *SENCHUS MOR*
Roi d'Irlande.....................	30 personnes.	
Roi de province..............	24 —	
Roi de *tuath*.................	12 —	
Airé-forgill..................	10 —	12 personnes.
Airé-tuisi	8 —	10 —
Airé-ard	7 —	8 —
Airé-désa...................	6 —	6 —
Bo-airé....................	5 —	4 —
Oc-airé....................	.. —	2 (1) —

Enfin l'éducation coûtait plus ou moins cher suivant le rang
du père des enfants : cette différence était logique puisque le
rang dépendait de la fortune, mais il est curieux de voir le
contrat d'éducation se conclure, comme il se faisait en Irlande, moyennant un cheptel. Un roi de *tuath* donnait un
cheptel de trente *sét* au bêtes à cornes à celui qu'il chargeait
de l'éducation de son fils, le cheptel était réduit à cinq bêtes
à cornes quand il s'agissait d'un *bo-airé*, à trois quand le
père n'était que *oc-airé*; dans les rangs intermédiaires la gra-
dation était observée (2).

J'ai dit que le rang de chacun dépendait de sa fortune.
L'idée de la noblesse est tout à fait étrangère à l'Irlande :
« deux personnes sont de naissance égale quand elles ont
« toutes deux la même fortune, » dit le *Senchus-Môr* (3).

Le fils d'un *aithec*, qui devient riche, pénètre dans les
rangs de la *flaith* (4).

La royauté toutefois n'est pas toujours la conséquence
d'une fortune antérieure, elle peut être le résultat de l'élection et paraît l'avoir été souvent. Le *Seirglige Conchulainn*,
« Maladie de Cùchulainn, » un des morceaux qui compose
le cycle épique le plus ancien d'Irlande nous a conservé une
sorte de procès-verbal de l'élection de Lugaid Réoderg,

(1) *Ancient laws of Ireland*, t. II, p. 386.
(2) *Ancient laws of Ireland*, t. II, p. 150-154.
(3) *Ibid.*, t. II, p. 380.
(4) *Ancient laws of Ireland*, t. I. p. 200.

roi suprême d'Irlande vers l'époque de la naissance de Jésus-Christ.

L'Irlande était alors divisée en cinq grandes provinces, qu'on appelait *coiced* (1) c'est-à-dire cinquièmes. Les trois royaumes modernes d'Ulster, de Leinster, de Connaught correspondent à peu près chacun à une de ces cinq grandes provinces ; le Munster divisé formait les deux autres. Chacune de ces grandes provinces se partageait en un certain nombre de petites provinces ou *tuath :* et chaque *tuath* avait son roi, *ri.* Le nombre des *tuath* était fort considérable, probablement analogue à celui qu'on devait retrouver au huitième siècle de notre ère, où l'on compta 184 *tuath* en Irlande. Dans chaque grande province un roi *rurech*, s'élevait au-dessus des rois *ri* des *tuath* compris dans cette province. A peu près au centre de l'île se trouvait une *tuath* qui n'appartenait à aucune des cinq grandes provinces. Là était situé le palais de *Temair*, depuis *Teamair*, au génitif *Temrach* depuis *Teamrach*, aujourd'hui Tara. C'était le palais du roi suprême d'Irlande, quand il y avait un roi suprême d'Irlande (2). Telle était l'organisation politique de l'île à l'époque à laquelle nous reportent le cycle de Conchobar (3) et Cùchulainn et l'élection dont nous allons parler.

Il y avait sept ans que Conairé, dernier roi suprême, était mort quand on s'occupa de lui nommer un successeur. Cela se fit à l'assemblée nationale qui se tenait à Tara tous les trois ans disent les uns, tous les sept ans disent les autres, à la fête de Samhain, 31 octobre. L'assemblée se réunissait ordinairement dans le palais des rois. Cette fois elle se réunit dans la maison d'Erc. Erc était fils de Coirpré Niad-

(1) *Grammatica celtica*, 2ᵉ édition, p. 310.

(2) Giraldus Cambrensis, *Topographia hiberniæ*, Dist. III, c. xiv, dans *Giraldi cambrensis opera*, t. V, p. 144 ; cf. Dist. I, c. xvii, t. V, p. 131.

(3) Dans l'intervalle chronologique qui sépare du cycle de Conchobar et Cùchulainn celui de Finn et Oisin, une révolution survint qui pour augmenter l'importance du roi suprême d'Irlande éleva d'un à huit le nombre des *tuath* compris dans le royaume propre à ce représentant de l'unité nationale. Keating, *A general history of Ireland*, 1ʳᵉ édition, p. 3-5. En même temps en plaçant à côté du monarque un vice-roi avec future succession, *rig-domna*, on prévenait le danger des interrègnes. Mais il n'est pas question de *rig-domna* dans le *Senchus Mòr*.

fer qui avait été roi suprême avant Conairé (1). Erc devait
un jour trancher la tête du fameux héros d'Ulster Cûchulainn. Les habitants d'Ulster contre lesquels étaient alors
ligués tous les autres royaumes d'Irlande, ne furent pas re-
présentés à cette assemblée. Conchobar, roi de cette province, ne s'y rendit point, mais les quatre autres rois pro-
vinciaux s'y trouvèrent. Or voici comment se fit l'élection.
On tua un taureau blanc. Après avoir brûlé en l'honneur des
dieux un morceau de cette bête (2), on fit manger à un homme
une certaine quantité de la chair qui restait. Puis cet homme
s'endormit. Quatre druides chantèrent sur lui des paroles
magiques : l'effet à produire était de lui faire voir en songe
le personnage qui devait être élu roi. L'homme endormi se
réveilla en jetant un cri, et s'adressant aux quatre rois pro-
vinciaux : « Voici mon songe, » leur dit-il, « je viens de
« voir un jeune guerrier ; il est noble et vigoureux : il porte
« une double ceinture rouge, il est assis sur l'oreiller d'un
« malade dans la capitale de l'Ulster. » A l'instant même
un messager envoyé par les quatre rois partit pour la capitale de l'Ulster, où il trouva Cûchulainn, malade et alité.
Son élève Lugaidh Reoderg, les reins enveloppés d'une
double ceinture rouge était assis sur l'oreiller du héros.
Lugaidh, immédiatement amené à Tara par le messager, y
fut proclamé roi suprême d'Irlande séance tenante : il cou-
cha la nuit même au palais de Tara ; le lendemain l'assemblée se dispersait et chacun retournait chez soi (3).

(1) O'Curry, *Mss. Materials*, p. 483, 507, 515 ; *On the manners*, II, 122,
199.

(2) Le texte épique conservé par le ms. de l'année 1100 auquel nous em-
pruntons ce récit ne parle pas de cette offrande, *edpart : Gramm. celtica*,
2ᵉ édition, p. 5, 869 ; mais la glose de l'introduction du *Senchus Mór*, t. I,
p. 44, nous apprend que cette offrande dont elle écrit le nom *udbairt* était
un élément essentiel du rituel magique d'Irlande. Voir la note suivante.

(3) Fac-simile du *Leabhar nah Uidre*, p. 46. Édition d'O'Curry dans
Atlantis, t. I, p. 384 ; de Windisch dans *Irische Texte*, p. 213 ; cf. Whitley
Stokes dans *Revue celtique*, t. I, p. 261. Le formulaire païen suivi en cette
occasion paraît être celui qu'on appelait *Imbas forosnai* sur lequel on peut
voir *Ancient laws of Ireland*, I, 44. Ce formulaire comprenait une cérémonie qu'a supprimée le texte analysé par nous. Cette cérémonie prohibée
par saint Patrice, consistait à offrir aux dieux une part de la chair de
la victime, on appelait cela *udbairt : Le Glossaire* de Cormac en parle au
mot *Imbas forosnai, Three irish glossaries*, p. 25.

Les rois étaient élus : ils pouvaient être dégradés pour faux jugement : l'introduction du *Senchus Môr* le dit des rois de *tuath* (1) ; le texte le dit d'une façon générale des membres de la *flaith* qui donnent des cheptels. Si le *doer-célé* preneur du cheptel a rempli ses obligations, et si le membre de la *flaith*, bailleur, a rendu de faux jugements ou porté de faux témoignages, le preneur peut garder le cheptel en restant dégagé de toute obligation envers le bailleur (2), qui perdant ses vassaux, son *deis*, comme on disait en Irlande, tombe du haut rang où il était élevé : il y a une liaison intime entre l'honneur et la fortune de la *flaith :* on peut difficilement les distinguer l'un de l'autre.

On comprend donc ce que c'est que la *flaith :* organisée hiérarchiquement elle domine par sa fortune le reste de la nation. A l'aide de cheptels, elle tient dans sa dépendance les *aithec* ou *soer-célé*, associés libres, et les *doer-célé* ou associés non libres, au-dessous desquels on trouve encore des esclaves.

A côté d'elle, marchant presque de pair avec elle, nous voyons les *fer dâna*, dont l'élément principal est double, le clergé chrétien et les *filé* ou maîtres de la science profane ; car l'Irlande montre un spectacle unique dans l'Europe occidentale pendant les premiers siècles du moyen âge. En face des écoles fondées par le clergé chrétien, en face de l'enseignement et des doctrines du clergé chrétien, nous voyons d'autres écoles indépendantes de celles-là et plus anciennes : un corps enseignant, organisé avant l'introduction du christianisme, continue à vivre, à former des élèves ; des doctrines qui ont précédé le christianisme, il garde ce que l'on croit compatible avec le dogme nouveau. Chaque petite province au *tuath* a son évêque qui a droit aux mêmes honneurs que le roi ; chaque *tuath* aussi a son maître de la science profane, *sui filé*, qui est l'égal de l'évêque (3).

(1) *Ancient laws of Ireland*, t. II, p. 322, 328, 332.
(2) *Ancient laws of Ireland*, t. I, p. 54.
(3) Introduction au *Senchus Môr*. *Ancient laws of Ireland*, t. I, p. 40, 54 ; cf. texte ; *Ibid.*, p. 78. Il y avait en Irlande un nombre d'évêques égal à celui des *tuath* ou cités, des *sui filé*, et des rois. Saint Patrice, d'après ses biographes, aurait sacré 350 évêques.

On distinguait chez les *filé* des dégrés en dignité correspondant à autant de degrés dans la science. Suivant la glose de l'introduction du *Senchus Mór* il y avait dix degrés parmi les *filé*; et un des caractères distinctifs de chacun de ces degrés était le nombre « d'histoires », *scel*, qu'il fallait savoir pour l'atteindre. Le tableau suivant résume ce système de classement :

1° *Ollam,*	350	histoires;	
2° *Anruth,*	175	—	
3° *Cli,*	80	—	
4° *Cana,*	60	—	
5° *Dos,*	50	—	
6° *Mac fuirmid,*	40	—	
7° *Fochluc,*	30	—	
7° *Drisac,*	20	—	
9° *Taman,*	10	—	
10° *Oblaire,*	7	—(1)	

Les 350 histoires que l'ollam devait savoir par cœur se divisaient en 250 histoires de premier ordre et en 100 histoires de second ordre. Il fallait qu'il les sût par cœur parce-qu'il devait les réciter dans les assemblées des rois et de la *flaith* (2). Ce n'était point à cela que se bornait sa science ; elle comprenait l'écriture ogamique, la grammaire, les règles de la versification, le droit, la sorcellerie, la musique. Le livre de Ballymote, manuscrit du quatorzième siècle qui appartient à l'académie royale d'Irlande, contient la copie d'un traité où l'on trouve exposé le détail des études qui conduisaient l'*ollam* à sa haute position (3).

L'*ollam* avait une situation honorifique analogue à celle du roi suprême et des cinq rois des grandes provinces. Sa suite au commencement du sixième siècle était de trente personnes comme celle du roi suprême d'Irlande. Elle fut réduite à vingt-quatre personnes dans une assemblée tenue vers le milieu de ce siècle (4). Vingt-quatre personnes étaient

(1) *Ancient laws of Ireland*, I, 44, 46.
(2) Livre de Leinster, O'Curry, *Ms. Materials*, p. 583, 584.
(3) O'Curry, *On the manners*, II, 171-173 ; cf. *Sanas Chormaic*, p. 5, 6, 31, 35, 53, 72.
(4) *Amra Choluim-Chilli*, publié par O'Berine-Crowe, p. 8-9 ; cf. Whitley-Stokes, *Goidilica*, 2e édition, p. 156 ; *Sanas Chormaic*, p. 127.

la suite de chacun des cinq rois des grandes provinces.

L'*anruth* qui venait après l'*ollam* et qui était obligé à savoir par cœur moitié seulement du nombre d'histoires que savait l'*ollam*, se faisait accompagner par une suite moitié moins nombreuse, d'abord quinze personnes au lieu de trente, puis douze personnes au lieu de vingt-quatre (1). Pour les autres *filé* le nombre était d'autant plus faible que leur élévation était moindre : la suite du *doss*, 5ᵉ degré, est de quatre personnes (2) ; la suite du *fochloc*, 7ᵉ degré, n'est que de deux personnes (3) ; c'est la suite de *l'oc-airé*, qui tient le septième rang dans la *flaith*, comme le *fochloc* parmi les *filé*.

Ainsi la classification des *filé*, ou maîtres de la science profane se fait d'après les mêmes procédés que la classification de la *flaith*, c'est-à-dire des propriétaires du bétail. On applique aux uns et aux autres les mêmes tarifs qu'il s'agisse non seulement des cortèges dont ils se font entourer, mais par exemple des frais d'éducation de leurs enfants (4), de la réparation des insultes qui atteignent leur honneur (5). Le principe, ici comme lorsqu'il s'agit de la *flaith*, est le respect dû si l'on peut dire ainsi, à l'argent. Il ne s'agit plus ici de capital, du nombre de bétail ou de vassaux que le personnage possède : il s'agit des salaires qu'il reçoit. Plus un *filé* monte les degrés de la hiérarchie plus on voit s'élever le montant des salaires qu'il gagne soit comme professeur, soit comme conteur d'histoires, soit par son talent de poète, soit par sa connaissance approfondie des lois ; et c'est le chiffre plus ou moins élevé des salaires fixés par l'usage qui établit son rang dans la société (6). Les gens de métier, les forgerons, par exemple, étaient classés d'après les mêmes règles.

Faire ainsi de la richesse de chacun le principe unique de l'organisation sociale, est un système qui paraîtra peu séduisant : il n'agit pas sur notre imagination. Mais ce qui est fort curieux c'est de voir l'Irlande avec ses *filé* conserver au moyen

(1) *Amra Choluim-Chilli*, p. 8-9.
(2) *Sanas Chormaic*, p. 53.
(3) *Sanas Chormaic*, p. 72.
(4) *Ancient laws of the Ireland*, II, 160.
(5) *Ancient laws of Ireland*, I, 40, 78.
(6) Deux indications relatives aux salaires de l'*ollam* se trouvent dans le *Glossaire* de Cormac aux mots *Anomain* et *Boge*.

âge une des corporations savantes que lui a léguées l'antiquité celtique, et l'entourer d'une considération égale à celle dont jouissent l'aristocratie nationale et le clergé chrétien. Les druides seuls ont succombé. Le *Senchus Môr* ne les mentionne que comme un souvenir historique (1) : pour connaître leurs privilèges et leur grande position dans l'Irlande païenne, il faut étudier les monuments des cycles épiques que notre premier mémoire a rapidement indiqués.

(1) *Ancient laws of Ireland*, t. III, p. 26 ; cf. t. I, p. 20, 22.

8733-79. — Corbeil, typ. et stér. Crété.

Documents manquants (pages, cahiers...)

NF Z 43-120-13